05
서 울 대 학 교
통일평화연구원
평 화 교 실

다시 통일을 꿈꾸다

한반도 미래전략과 '평화연합' 구상

김병로 지음

둘로 모시는사람들

평화 담론의 대중적 확산을 기대하며

서울대학교 통일평화연구원에서는 한국연구재단 HK(인문한국) 사업의 일환으로 한반도발 평화인문학을 정립하는 연구를 하고 있습니다. 인류의 희망이라 해도 과언이 아닐 평화에 대해 다양한 분야의 연구자들이 함께 학제적이고 융합적으로 연구함으로써, 평화를 새로운 문명의 중심축으로 삼는 작업입니다.

특히 남북 간에 서로를 겁박하고 전쟁 위협에 시달리면서도 통일과 평화를 지향하는 모순이 공존하는 한반도는 세계가 공감할 만한 평화론을 다질 수 있는 최적의 실험실입니다. 한반도는 동양의 깊은 정신문화와 서양의 기술 문명 및 근대적 세계관이 만나고 있는 공간이라는 점에서 더욱 그렇습니다. 이러한 한반도적 상황에서 세상이 왜 폭력으로 점철되는지 그 조건과 원인을 분석하고, 갈등을 줄여 평화로 나아가는 길에 대해 상상하며, 평화를 문화적 차원으로까지 심화시키는 작업은 너무나 절실하고 의미 있는 과제가 아닐 수 없습니다.

이러한 문제의식을 지니고 다양한 차원에서 더 많은 이가 공감할 수 있을 따뜻한 메시지를 담은 연작 책 〈평화교실〉을 순차적으로 출판하고자 합니다. 왜 폭력적인 상황이 지속하는지, 평화란 무엇이고, 평화 연구와 실천은 어떻게 해야 하는지, 학문적 깊이와 대중적 공감을 조화시켜서, 더 많은 이들과 평화 생각과 평화 감성을 나누고자 합니다. 평화에 대해 상상하는 이들이 많아질수록 평화는 좀 더 구체적인 모습을 드러낼 수 있기 때문입니다.

　평화로운 문명을 건설하려는 시도보다 더 절실하고 심원하며 장기적인 과제가 또 있을까요? 〈평화교실〉이 평화에 인간의 얼굴을 입히고, 우리 사회를 평화로운 삶으로까지 이어주는 작은 징검다리가 되었으면 좋겠습니다. '평화를 원한다면 평화를 준비하라(Si vis pacem, para pacem)'는 평화학의 슬로건을 되새겨야 할 때입니다.

서울대학교 통일평화연구원장 정근식

차 례

제1장

오래된 미래

1. 우리의 소원은 통일

우리의 소원은 통일/ 꿈에도 소원은 통일

이 정성 다해서 통일/ 통일을 이루자

이 겨레 살리는 통일/ 이 나라 살리는 통일

통일이여 어서 오라/ 통일이여 오라

분단의 아픔과 통일의 그리움을 상징적으로 담고 있는 이 노래, 참 오래 부른다. 대한민국 정부가 들어서기 전부터 부르던 이 노래를 70년이 지나도록 부르고 있으니 정말 오래됐다. 4 · 19 혁명과 5 · 16 군사정변을 지나 국민교육헌장 시기에는 "길이 후손에 물려줄 영광된 통일 조국의 앞날을 내다보며 신념과 긍지를 지닌 근면한 국민으로서 … 새 역사를 창조"하기 위해 줄기차게 외쳤다. 유신독재가 엄혹할 때는 북한 공산주의를 물리치기 위해 더 큰 목소리로 통일을 노래해야 했다. 5 · 18 광주 민주화항

쟁과 6·29 민주화 선언처럼 나라의 아픔이 있을 때 '우리의 소원'은 더욱 절실했다. '88 서울올림픽'을 치르고 사회주의권이 붕괴하던 시기 통일에 관한 기대는 드높았다.

2000년 6월 역사적 첫 남북정상회담에서 두 지도자가 축배의 잔을 높이 들었을 때 통일이 눈앞에 다가오는 듯했다. 순식간에 비행기가 서울과 평양을 오가고 해마다 18만 명이 넘는 엄청난 사람들이 평양으로 향했다. 20여 차례의 장관급회담과 빈번한 경제협력회의, 이산가족 적십자회담, 6·15 민족공동 행사는 그 자체로 '통일'이었다. 2000년 시드니올림픽에 한반도기를 앞세운 남북한 선수단이 공동 입장하는 장면은 지금 생각해도 가슴 뭉클하다.

이명박·박근혜 정부 들어 북한을 대하는 분위기가 완전히 달라졌다. 그럼에도 '우리의 소원'은 결코 주눅 들지 않았다. 통일준비위원회가 결성되고 '통일 대박'으로 온 나라가 들끓었다. 통일박람회를 하고 통일 노래와 공연을 띄우며 학교마다 통일교육에 열을 올렸다. 그러나 통일이란 게 원래 상대가 있는 게임인데도 북한을 멀리하고 우리끼리만 공감했다는 아쉬움은 남는다.

남북한 선수단이 호주 시드니 올림픽스타디움에서 열린 2000년 시드니올림픽 개막식에서 전광판의 참가국가명이 남한, 북한의 구별없이 코리아로 표시된 가운데 함께 입장하고 있는 장면(2000.9.15).

너무 오랫동안 귓전에 들려온 터라 이제 사실 별다른 감각과 아련함이 묻어나지 않는다. 우리 안에서만 부르는 '우리의 소원'은 더더욱 큰 울림이 없다. 거의 쓸모가 없어진 이 노래를 더 이상 부르지 말자는 사람들도 있다. 그도 그럴 것이 남과 북이 곧 전쟁을 할 것 같은 오늘날의 현실에서 통일을 염원하는 이 노래인들 무슨 소용이 있겠는가 싶다.

　그토록 오랜 세월 동안 통일의 노래를 불러왔지만, 우리의 현실은 통일과는 너무 거리가 멀다. 사무치게 그리운 가족조차 생사를 모른 채 지내고 있으니 통일은커녕 그 문턱에도 다다르지 못한 것 같다. 사람이 산다는 것, 그리고 살아 있다는 것의 의미는 사람과 사람 사이에 주고받은 정과 사랑일 터인데, 1천만의 부모와 자식, 형제자매, 친척들이 남북으로 흩어져 소식도 듣지 못하고 사는 한반도의 비극적 현실은 '우리의 소원'과 얼마나 딴 세상인지 잘 보여준다.

　당위적으로는 남북한 모두 통일을 헌법적 가치로 강조하고 있고 가장 중요한 국가목표로 설정하고 있다. 남한은 헌법 제4조에 "대한민국은 통일을 지향하며 자유민주적 기본질서에 입각한 평화적 통일정책을 수립하고 이를 추진한다."라고 규정하고 있고, 북한도 헌법 제9조에 "조선민주주의인민공화국은 … 자주, 평화

통일, 민족대단결의 원칙에서 조국통일을 실현하기 위하여 투쟁한다."라고 명시하고 있다. 관심이 비교적 적은 남한의 젊은 세대도 '우리의 소원은 통일'이란 노래를 큰 부담 없이 함께 부르고 있고, 경제적인 어려움과 핵 문제로 인한 국제적 압력을 받고 있는 북한도 '조국통일'을 절박한 민족적 과제로 내세우고 있다.

그러나 현실에서 통일의 기대는 그리 높지 않다. 통일이 필요하다고 생각하는 사람은 우리 국민의 53.3% 정도이며 통일을 다른 어떤 것보다 먼저 추진해야 한다고 생각하는 사람은 13.1%에 불과하다. 아예 통일을 하지 말자는 '분리주의자'도 24.6%로 늘었고, 북한을 '적'으로 보는 사람도 15%에 이른다. 분단의 기억은 희미해지고 남북 교류의 추억조차도 잊어버릴 만큼 꽤 시간이 흘렀다.

그래도 북한에 가서 한 번씩 이 노래를 부르면 금세 형제애의 감흥이 솟구쳐 오른다. 북한도 우리와 같이 〈우리의 소원〉 노래를 즐겨 부른다. 그래서 남북한이 함께하는 자리에는 언제나 이 통일의 노래가 단골 레퍼토리가 된다. 나라 밖 동포들과 함께 이 노래를 부를 때면 〈고향의 봄〉 노래가 어김없이 뒤따른다. 1천만 실향민들의 설움과 애환이 고향을 그리워하는 마음과 통일의 염원을 자연스레 잇는다. 남과 북, 재외동포 모두에게 통일의 노래는 아픔에 관한 치유이고 현실을 견딜힘을 공급해주는 희망이다. 이 노래 한 번으로 그토록 원망하던 마음이 눈 녹듯 사라지고 분노는 금방 눈물로 바뀐다. 신비한 마법의 노래다.

2. 나의 소원

네 소원이 무엇이냐 하고 하느님이 물으시면 나는 서슴지 않고, "내 소원은 대한 독립이요." 하고 대답할 것이다. 그다음 소원은 무엇이냐고 하면 나는 또, "우리나라의 독립이요." 할 것이요, 또 그다음 소원이 무엇이냐 하는 셋째 번 물음에도 나는 더욱 소리 높여서, "나의 소원은 우리나라 대한의 완전한 자주독립이요." 하고 대답할 것이다 … 나는 우리의 힘으로, 특히 교육의 힘으로 반드시 이 일이 이루어질 것을 믿는다. 우리나라의 젊은 남녀가 다 이 마음을 가질진대 아니 이루어지고 어찌하랴.

김구 선생의 〈나의 소원〉을 읽노라면 해방 공간에서 남북의 분단을 끝까지 막아보려 했던 백범의 몸부림이 뜨겁게 전해온다. 백범은 해방이 분단으로 이어질 줄은 꿈에도 생각하지 못했다. 조선의 독립을 그토록 갈망했던 터라 해방은 곧 독립이요 독립은 곧 자주국이며 자유국가이고 문화국가가 될 것으로 기대하였다.

그러나 백범의 기대와는 달리 한반도를 분할 지배하던 미군과 소련군의 비호 아래 이승만과 김일성 두 정권이 들어서는 쪽으로 굳어졌다. 모스크바 3상 회의에서 결정한 신탁통치안에 대해 찬반으로 나뉘어 대립이 극심했고 좌와 우의 이념 갈등이 심각했다. 이러한 상황에서 백범은 반탁독립과 좌우합작이 남북의 분단을 막는 가장 나은 길이라 생각했다. 그가 원한 것은 오로지 민족의 자주독립과 통일독립이었다. 백범이 서거하기 1년 전 김규식과 함께 '통일 없이 독립 없다!'라는 공동성명도 발표하였다.

남한에서 이승만 단독정부 수립 강행을 저지할 수 없을 것으로 판단한 백범은 김규식과 함께 38선을 넘어 평양의 남북연석회의에 참가하였다. 김일성 세력에 일방적으로 이용당할 것이라는 생각을 못 했을 리 없다. 우리 안에 있던 이승만의 단독정부 수립도 막아낼 힘이 없던 백범이 우리 밖에 있던 김일성의 독단을 어찌 막을 수 있었겠는가. "조국이 없으면 민족이 없고 민족이 없으면 무슨 당, 무슨 주의, 무슨 단체는 존재할 수 있겠는가."라며 남북의 분단을 막아 보려 하였지만 역부족이었다.

해방 공간에서 갈망했던 통일의 소원이 다시 꿈틀거린다. 백범이 그토록 열망했던 대한 독립이 남과 북으로 나뉜 채 존재한다면 진정한 독립국이라 할 수 없을 것이다. 남과 북이 통일된 나라를 세우는 것만이 해방과 독립이 바라던 참 의미였기 때문이다. 70년이 지난 오늘 한반도의 이곳저곳에서 통일운동을 제2의 독립운동이라 생각하며 통일의병대 활동이 펼쳐지고 있다. 조국의 독립과 통일국가 건설을 향한 김구 선생의 소원이 되살아나 다행이다.

3. 그 날이 오면

그 날이 오면 그 날이 오면은
삼각산이 일어나 더덩실 춤이라도 추고
한강 물이 뒤집혀 용솟음칠 그 날이
이 목숨이 끊기기 전에 와 주기만 하량이면
나는 밤하늘에 나는 까마귀와 같이
종로의 인경을 머리로 들이받아 올리오리다.
두개골은 깨어져 산산조각이 나도

기뻐서 죽사오매 오히려 무슨 한이 남으오리까.

그 날이 와서, 오오 그 날이 와서
육조 앞 넓은 길을 울며 뛰며 뒹굴어도
그래도 넘치는 기쁨에 가슴이 미어질 듯하거든
드는 칼로 이 몸의 가죽이라도 벗겨서
커다란 북을 만들어 들쳐 메고는
여러분의 행렬에 앞장을 서오리다.
우렁찬 그 소리를 한 번이라도 듣기만 하면
그 자리에 거꾸러져도 눈을 감겠소이다

　1949년 사망한 지 13년이 지나서야 발행된 유고 작품집에 실려 우리에게 잘 알려진 심훈의 시다. 농촌계몽 소설 〈상록수〉로 널리 알려진 심훈의 이 시는 일제 강점기에 쓰였지만, 작품이 공개된 때는 우리 민족이 이미 광복을 성취한 이후다. 때문에 사람들은 이 시를 읽으면서 통일의 그 날을 떠올린다. 시인이 그때까지 살아 있었다면 분명 '그 날'을 통일의 날로 바꾸어 노래했을 것이다.

　광복을 기다리는 간절한 마음과 광복의 그 날을 맞이하였을 때의 기쁨과 환희를 이처럼 구구절절하게 노래할 수 있을까. 광복의 소원과 기쁨을 이처럼 절절하게 노래할 수 있는 것은 그만큼 일제 강점 당시의 상황이 깊은 고통과 아픔으로 느껴졌음을 의미한다. 미래에 관한 자유와 희망은 고통과 아픔의 현실과 잇닿아 있다. 그 날이 오기를 목마르게 그리워하던 시인의 모습 속에서 고통의 무게와 깊이가 어떠했을까를 짐작한다. 울며 뛰며 뒹굴고 싶은 그 날의 노래에 깊은 절망과 아픔이 고스란히 묻어난다. 그 시기를 겪지 않은 사람에게는 일제의 만행을 감히 짐작조차하기 어렵지만 시인의 노래 속에서 식민수탈과 강제노역, 반인륜적 고문과 살상의 무게를 느낀다. 서대문형무소의 빛바랜 흔적에서, 군 위안부 할머니들의 절규에서 그 끔찍한 일제의 만행은 여전히 해소되지 않은 아픔으로 남아 있다.

통일의 그 날을 기다리는 마음도 이러하리라. 통일의 희망을 노래하는 것은 분단의 아픔과 눈물의 다른 표현이다. 분단으로 남한은 섬처럼 고립되었고 이 지리적 밀폐성은 경제와 사회에 막대한 피해를 주고 있다. 인터넷으로 세계와 접촉하는 정보화, 세계화 시대에 살면서도 외국이라고 하면 비행기 타고 저 멀리 가야 하는 것처럼 생각하는 우물 안 개구리로 산다. 이웃 나라와 자연스럽게 접촉을 하지 못하니 세계에서 가장 폐쇄적이고 배타적인 민족이 된 것이 이상한 일이 아니다. 오랜 분단이 만들어 낸 배타적 사고와 흑백논리, 히스테리적 불안과 뿌리 깊은 불신풍조는 우리 사회의 크나큰 적폐가 되었다. 그러고도 이러한 병폐를 고치려 하기는커녕 안보 담론과 종북 논쟁을 앞세워 갖은 비리와 부패를 일삼으니 작금의 분단은 일제가 저지른 만행만큼이나 우리에게 고통과 아픔을 준다.

우리가 사는 이 분단된 한반도가 답답하고 고통스럽게 느껴지지 않는다면 통일의 그 날을 염원할 수 없다. 통일의 열망이 식어 가는 것은 분단의 고통을 느끼지 못한다는 말이다. 분단 고통의 깊이를 아는 사람만이 통일의 높음을 안다. 분단의 아픔을 느끼지 못하는데 분단의 굴레를 벗어나려는 몸부림이 어떻게 가능하겠는가. 삼면이 바다, 한 면은 철조망으로 사면이 모두 막혀 고립된 섬처럼 밀폐된 대한민국의 처지를 미치도록 답답하게 느껴보지 못한 사람들은 통일의 열망을 품을 수 없을 것이다. 대한민국의 청년들이 군대 때문에 얼마나 가슴 시린 고민을 하는지, 동족을 향해 총을 들어야 하는 번민의 무게가 어떠한지 느껴보지 않고서는 통일의 목마름을 이해하지 못할 것이다.

분단을 사는 우리도 심훈이 꿈꾸던 그 날을 같은 심정으로 고대한다. 그 날이 오면 철조망에 갇힌 이 답답한 남한 땅을 박차고 나가 평양으로, 북경으로, 모스크바로, 프랑크푸르트로, 제네바와 로마까지 마음껏 달려가 보리라. 그 날이 오면 오오 그 날이 오면 휴전선을 열어젖히고 중국과 러시아로 달려나가 드넓은 세상을 실컷 누려 보리라.

4. 왕건이 품은 뜻

한반도 통일의 꿈은 고려에서 꽃피운다. 후삼국을 통합하고 북쪽의 발해까지 흡수하여 명실상부한 통일국가를 이룬 고려는 우리 민족의 통일역사에서 위용을 떨친다. 통일을 준비하는 우리 세대가 되새겨봐야 할 역사다.『태조 왕건』(김갑동)은 왕건이 품은 통일의 위업을 실감나게 담고 있다.

태봉국을 세운 궁예의 신하로 들어가 20세에 성주로 임명받은 왕건은 22년 동안 궁예를 충실히 섬겼다. 폭정을 일삼던 궁예를 끝까지 모시며 임금으로 보필하였다. 그의 부하들이 민심을 완전히 잃은 궁예를 처단하고 왕건을 왕으로 삼으려 하던 때에도 왕이 비록 포악하더라도 신하로서 임금을 치는 것은 옳지 않다고 하며 임금 되기를 완강히 거부했다. 결국 궁예의 권력이 수명을 다하여 도망자의 신세가 되고 백성에게 붙잡혀 살해된 이후에야 왕건은 왕으로 등극하였다. 그의 어진 인간성이 그대로 묻어나는 대목이다. 41세에 왕이 된 그는 고구려의 옛 영광을 되살리겠다는 큰 뜻을 품고 국호를 고려로 정하고 통일의 길에 나섰다.

왕건은 평양을 나라의 거점으로 정하고 성을 쌓은 후 발해를 공략하는 북진정책을 추진했다. 적합한 장수들을 발탁하여 서북지방과 동북지방의 영토를 확장하여 나갔고 스스로 고구려를 계승했다고 자부하던 발해를 끌어들였다. 우선 거란의 습격을 받아 흩어진 유민들이 고려로 피신해 오는데 대해 따뜻하게 맞아주는 유민정책을 폄으로써 발해를 통합하는데 성공하였다. 발해가 차지하고 있던 땅은 수복하지 못한 아쉬움은 있지만 발해의 왕실까지 고려로 귀순하였으니 고려는 발해를 통합했다고 말할수 있다.

신라에 대해서는 적극적인 친선정책을 폈다. 호족 출신인 왕건은 전국의 호족들에게 사신을 보내어 협조를 부탁하고 신라에 대해서는 왕실과 혼인정책을 통해 친선을 도모하였다. 신라가 점점 국력이 약해져 가고 있음을 알고 적극적인 친선정책을 펴면서도 삼한 지역에서의 종주국 체면을 최대한 세워 주었다. 신라가 후백제로부터 위협에 처했을 때 신라를 지원하여 신라인들의 민심을 얻었다. 견훤이 신라를 침략하여 경애왕을 죽이고 경순왕을 세우는 위기상황에서 왕건은 신라를 지원하여 신라로부터 완전한 지지를 받는다. 결국 경순왕은 나라를 고려에 바치게 되고 고려는 신라와 피 흘리지 않는 통일 위업을 성취했다.

후백제와는 조금 더 강경하게 대립하였다. 아들에게 권좌를 잃은 견훤이 고려로 귀순하자 그를 상보로 극진히 대우하며 후백제에 대해 포섭정책을 지속했다. 그러나 완강히 저항하는 후백제 군사들과는 마지막 결전을 치렀다. 할 수만 있다면 싸움을 피하고 싶었지만, 군사를 동원하지 않고서는 해결할 수 없는 상황에서 왕건은 과단성 있는 결단을 내렸다. 엄청난 군대를 대동한 고려는 황산벌에서 후백제의 항복을 받아 냈다. 견훤의 유폐를 모의한 능환을 제외한 모든 장수를 본토로 돌려보내고 재능과 직분에 따라 고려의 장군으로 다시 등용했다. 항복한 장수는 목을 베지 않는다는 용장의 너그러움을 보여 주었다.

후백제와 결전을 벌였던 황산벌은 삼국 시대에도 백제와 신라가 혈전을 벌였던 곳이다. 김유신의 대군과 계백이 이끄는 5천 명의 결사대가 혈투를 벌인 바로 그곳에서 280년이 지난 때에 후백제의 군대와 고려군이 맞붙은 것이다. 우리 민족 통일의 역사에서 '혈의 루'가 흐르는 곳이다. 계백 장군을 포함하여 많은 사람들의 목숨을 앗아갔던 황산벌, 통일의 위업을 이루기 위해 마지막 후백제와 담판을 벌여야 했던 황산벌의 혈투는 생각만 해도 가슴 저리다.

후삼국을 통일하고 발해까지 흡수하여 명실상부한 통일국가를 건설한 왕건의 책략은 돋보인다. 신라와 발해로 양립되었던 남북국 시대를 하나로 통일함으로써 우리나라 역사상 최초의 통일국가가 됐다. 난세를 제압하고 통합적 통일을 추구해 나간 왕건의 책략은 남북의 통합과 통일을 앞둔 시점에서 다시 한번 살펴볼 가치가 있다. 후삼국을 통일하는 과정에서 태조 왕건은 군사력으로 신라를 간단히 접수할 수 있었으나 끝까지 왕으로서 대우하고 동반자로서의 위상을 세워 주었다. 견훤이 항복해 왔을 때도 그를 집안의 어른처럼 모셨고 후백제 유민들을 포섭하고 융화하는 데 힘을 기울였다. 마지막 결전에서 불가피하게 전쟁을 하였으나 가능하면 무력대결을 피하고자 하였다. 그는 지방호족들을 자기 편으로 끌어들이는 데 탁월한 능력을 보였고, 항복해 오는 적을 두터이 예우한 것으로도 이름이 높아 적에게까지 칭송을 받은 정치인이었다. 말하자면 포용정책의 선구적인 인물이었다.

왕건은 통일 과정에서 외세에 의존하지 않았지만 그렇다고 외세를 완전히 배격하지도 않았다. 외국의 힘을 적절히 이용하고 의견을 존중했다. 당나라 말기 오월국이 사신을 보내 후백제와 싸우지 말고 잘 지낼 것을 요구하자 왕건은 원칙적으로 그 말에 따를 것을 약속하였으나 중국에 사신을 파견하여 자신의 입장과 견해를 피력함으로써 국제적으로 인정받기 위한 노력도 기울였다. 후당(後唐)에 사신을 보내 지원을 요청하기도 하는 외교력도 발휘하였다.

물론 고려는 영토상으로 고구려의 옛 땅을 모두 회복하지 못했고 정신적으로도 고구려와 신라 전통을 융합하지 못했다는 비판의 목소리가 있고, 왕건 자신도 죽을 때 남긴 「훈요십조」에서 호남 차별을 주장했다는 비판도 있다. 그럼에도 태조 왕건의 리더십은 통일의 미래를 열어야 하는 오늘날의 한반도에 교훈하는 바가 적지 않다.

5. 화랑의 기백

통일의 꿈은 신라로 거슬러 올라간다. 삼한과 삼국으로 갈라져 있던 한반도를 처음으로 통일한 주체는 신라다. 신라를 강성하게 만들고 삼국 통일의 주축 세력이 된 것은 다름 아닌 화랑이다. 화랑제도를 도입한 진흥왕은 일찍이 나라의 미래가 청소년에 달려 있음을 직감했다. '꽃처럼 예쁜 남자' 화랑은 단기적으로는 군대를 보충할 병력이었으며 장기적으로는 국가의 발전을 위해 필요한 인재들이었다. 일찍부터 무예와 도의, 학문을 연마하여 나라의 엘리트로 교육하는 화랑제도는 신라 삼국 통일의 주요 기반이 되었다.

화랑도는 통일전쟁을 위한 현실적 국가주의와 유불선의 보편적 정신세계를 융합한 청소년 조직으로 신라의 삼국 통일에 필요한 인재의 산실이었다. 김유신과 같은 걸출한 인물이 여기에서 나왔다. 화랑도는 창설부터 삼국 통일이 완성된 문무왕에 이르는 약 100년 동안 융성하여 삼국 통일의 어려운 시기에 국난을 극복하는 데 크게 이바지하였다. 청년 세대와 교육의 힘을 화랑에게서 볼 수 있다. 김구 선생이 확신했던 교육의 힘, 우리나라의 젊은 남녀가 마음을 먹기만 하면 이룰 수 있는 그러한 정신이다.

신라의 삼국 통일로 하나의 국가 안에 통일된 민족국가 형성의 기반을 마련하였다는 사실은 그 의미가 매우 크다. 혈통, 언어, 문화를 같이하면서도 각각 다른 나라로 존재하던 우리 민족이 첫 민족국가를 건설하고 한국사의 자주적 발전을 이룩하는 원동력이 되었다. 화랑제도를 만들어 삼국 통일을 준비하였고 외세를 이용하여 통일을 성취한 후 당나라의 압력이 커지자 전쟁을 벌여 자주성을 지켰던 신라의 책략은 우리 민족역사에 숨겨져 있는 저력이라 할 수 있다.

그러나 신라의 삼국 통일로 우리나라의 영토가 줄었다는 비판이 있고, 외세에 의존하여 자기 민족을 쳤다는 부분도 비판을 받는 대목이다. 북한은 특히 신라의 삼국 통일에 대해 비판적이다. 외세인 당나라를 끌어들였다는 점과 민족의 통일을 이루지 못하고 영토의 통일에만 그쳤다며 신라의 통일을 부정한다.

이러한 비판에도 불구하고 화랑의 기백이 신라 삼국 통일의 동력이 되었다는 점은 부인할 수 없다. 임전무퇴의 정신으로 나라를 지켰던 이순신 장군의 충성스러운 모습에서 화랑의 기백을 본다. 화랑의 기백은 우리 민족의 역사에 면면히 흐르고 있는 굳건한 기상의 근간이다. 화랑의 기백과 기상은 한반도의 통일 미래를 내다보는 우리에게 무한한 격려가 된다.

6. 홍익인간

우리 민족 통일의 근원은 마침내 단군에 이른다. 단군이 꿈꾸었던 조선민족, 한민족의 기원은 우리 민족의 통일과 통합의 시원이다. 단군왕검이 나라를 열며 가졌던 꿈은 '홍익인간 이화세계'다. 널리 사람을 이롭게 하고 이치로서 세상을 다스린다는 뜻이다. 홍익인간은 한민족의 정신적 토양이다. 홍익인간 정신은 한민족이 이상적 민족공동체를 만들어 나갈 때 지향해야 하는 삶의 기본원리이자 생활지침이다.

우리의 선조들이 꿈꾸었던 광복과 독립, 민족통합의 이상은 모두 홍익인간이다. 자유의 나라, 문화의 나라를 꿈꾸었던 김구 선생도 "나는 우리나라가 남의 것을 모방하는 나라가 되지 말고, 이러한 높고 새로운 문화의 근원이 되고 목표가 되고 모범이 되기를 원한다. 그래서 진정한 세계의 평화가 우리나라에서, 우리나라로 말미암아서 세계에 실현되기를 원한다. 홍익인간(弘益人間)이라는 우리 국조 단군의 이상이 이것이라고 믿는다."고 확신했다.

단군 이후 여러 부족과 민족으로 갈라진 때에도 홍익인간은 통합을 견인하는 정신이자 이상이었다. 맥족(貊族)과 한족(韓族)

으로 나뉘고 부여(夫餘)와 진국(辰國)으로 분할되어 발흥할 즈음에도 단군이 품었던 홍익인간은 백성들의 의식 속에 살아 있었다. 삼국으로 나뉘었다 통합하고 또 나뉘었다 통일하고 그 후로 오래도록 통일된 나라를 살아왔던 때에도 홍익인간은 한반도의 기억에서 떠나지 않았다. 잠시 잃은 나라를 찾고 다시 두 나라로 분단되어 70년이 흘렀다. 그럼에도 단군은 조선과 한국 모두에서 우리나라, 우리 민족의 시조로서 추모되며 기억되고 있다. 조선은 거대한 단군릉을 조성하고 우리 민족의 시원이 단군조선에 있는 만큼 민족의 정통성이 자기들에게 있다고 우쭐댄다. 한국도 해마다 개천절을 기념하고 홍익인간을 교육이념으로 삼으며 단군의 후손임을 자랑스럽게 여긴다.

4350년 전 단군이 나라를 세웠을 때 포부는 대단히 컸다. 널리 사람을 이롭게 하겠다는 이상도 그러했거니와 그 뜻을 펼쳤던 땅도 지금보다는 열 배 스무 배 넓었다. 만주와 시베리아, 중국의 한쪽을 아우르는 드넓고 광활한 대지였다. 그러고 보면 5천여 년이 지난 오늘 우리의 강토는 참 초라하다. 그 넓은 땅을 어디에 두고 조그만 한반도 땅에 내려와 그것도 남과 북으로 반토막난 땅을 움켜쥐고 있으니 말이다. 그러나 이 조그마한 땅에서 5천 년 역사에 가장 휘황찬란한 문명을 이루었으니 이 또한 기적이다. 우리 조상이 물려준 기상과 예지의 덕택이리라.

통일, 우리 민족의 삶에서 참 오래된 꿈이다. 이 오래된 꿈을 불러내 우리의 미래로 내보내려 한다. 조상들이 살던 때와는 세상이 많이 변했고 통일의 맥락과 환경도 완전히 달라졌다. 때문에 이전에 생각지 못했던 많은 문제와 갈등도 예견된다. 헬레나 노르베리-호지(Helena Norberg-Hodge)가 라다크(Ladakh)에서 바라보던 『오래된 미래(Ancient Futures)』처럼 말이다.

그러나 우리는 지금 과거와 달리 강해졌고 부유해졌다. 선조로부터 물려받은 예지와 기상, 우리가 가진 자산들을 잘 활용하면 오랫동안 품어왔던 통일의 꿈은 어느 때보다 그 실현 가능성이 크다. 역사는 통일의 흐름을 이루어 거스를 수 없는 대세로 다가오고 있다. 이제 조상들이 품었던 그 기상과 예지를 발판 삼아 통일의 미래로 나서보자. 태초에 예견된 오래된 미래, 화랑과 왕건이 품었던 이상, 심훈이 고대하던 그 날, 김구 선생이 바라던 소원, 지나온 70년의 꿈, 그 희망의 미래를 다시 건축하려 한다.

제2장

왜 다시 통일인가?

1. 통일에 관한 근본적 질문

통일과 관련하여 사람들이 가장 많이 던지는 질문이 두 가지 있다. 하나는 "통일은 언제쯤 됩니까?"라는 질문이고, 다른 하나는 "그런데 통일을 꼭 해야만 하나요?"라는 질문이다. 간단한 질문이지만 대답하기는 쉽지 않다.

"통일이 언제쯤 되느냐?"라는 질문에 굳이 단답형으로 답하라고 하면 글쎄 20~30년 정도라고 일단 던져 보겠다. 최근 우리 사회에는 북한이 붕괴할지도 모른다는 우려 때문에 통일이 곧 다가올지 모른다는 의견이 많고 따라서 빨리 통일을 준비해야 한다는 목소리가 커지고 있다. 그러나 그와 다르게 생각하는 의견도 적지 않다. 『피스메이커』(임동원)는 2000년 6월 남북정상회담에서 김대중 대통령과 김정일 위원장이 통일 시기에 대해 나눈 대화를 이렇게 쓰고 있다. 김대중 대통령이 통일이 20~30년 걸리지 않겠느냐고 발언하자, 김정일 위원장은 "나는 완전 통일까지는 앞으로 40년, 50년이 걸릴 것으로 생각합니다."라고 했다.

서울대학교 통일평화연구원의 『2016 통일의식 조사』에 따르면 우리 국민 중에는 '20년 이내'에 통일이 될 것으로 예상한 사람이 25.1%로 가장 많았고 통일이 아예 '불가능하다'고 생각하는 사람도 24.2%나 된다. '30년 이상'(17.9%), '30년 이내'(15.2%) 등 '30년'으로 예상하는 사람도 33.1%로 많다. 반면, '10년 이내'로 보는 사람은 14.0%로 많지 않고, '5년 이내'로 보는 사람은 3.5%로 극소수였다. 사람마다 현재의 남북 관계에 관한 평가가 다르고 북한을 바라보는 시선이 달라 통일의 시점을 가늠하기 쉽지 않다.

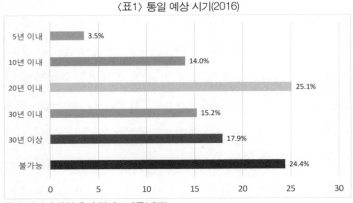

〈표1〉 통일 예상 시기(2016)

통일 시기에 관한 응답 막대그래프(세로)
자료: 정근식 · 김병로 · 장용석 외, 『2016 통일의식 조사』

그런데 통일이 '언제' 될지 답하기 어려운 더 근본적인 이유는 통일에 관한 개념이 사람마다 다르기 때문이다. 무엇이 통일인가, 어떻게 되는 것이 통일인가 하는 질문에 명쾌하게 대답하기는 쉽지 않다. 통일에 관한 개념과 견해가 사람마다 다르고 남북 간에도 견해차가 상당히 심하다. 어떤 사람들은 남북한이 서로 자유롭게 왕래할 수 있는 여건만 되어도 좋겠다는 의미로 자유로운 상호방문을 통일로 생각한다. 그러나 다른 사람들은 남북한이 정치적으로 하나의 지도자(대통령이나 주석)를 선출하여 한반도 전체를 통치해야만 통일이라고 생각한다. 통일에 관한 개념과 생각이 다르고 통일방식에 관해서도 견해가 제각각이다.

따라서 "통일이 언제쯤 되느냐?"라는 질문에 답하려면 '어떤 형태의 통일'을 말하는가를 알아야 한다. 사람들은 통일을 다양한 시각에서 바라본다. 전형적으로 생각하는 통일은 아마도 정치 통합일 것이다. 남북한이 정치체제를 하나로 결합하여 단일 정치체제로 통합되는 것을 의미한다. 그러나 통일을 계기로 경제 발전을 희망하는 사람들은 통일을 매우 현실적 시각에서 바라본다. 정치적 통일은 어려울 것으로 보고 경제적으로 교류하고 통합을 지향해 나가는 일은 가능할 것으로 생각한다. 또 문화적, 문명적 발전을 통일로 보는 사람도 있다. 정치나 경제보다 한류를 공유함으로써 문화통일이 이루어질 것으로 보는 사람도 있다.

그렇게 보면 통일은 단회적인 사건이 아니라 정치, 경제, 문화 등 여러 영역에서 남북통합의 긴 과정으로 볼 수 있다. "통일이 언제쯤 됩니까?"라는 질문이 정치 통합을 염두에 두는 것이라면 적어도 20~30년을 잡아야 하겠지만, 통일을 통합의 긴 과정으로 생각하는 사람들은 통일은 이미 시작되었고 현재 진행 중이라고 말할 것이다.

"통일을 꼭 해야만 하느냐?"라는 두 번째 질문은 더 근본적인 의문을 제기한다. 서울대 통일평화연구원이 국민을 대상으로 매년 실시하는 『통일의식 조사』에 의하면 우리 국민은 통일의 필요성에 공감하는 사람들이 절반 정도 된다. 2016년의 경우, 국민의 53.3%만이 통일이 '필요하다'고 동의했고, 24.6%는 통일이 '필요 없다'고 응답했다. 통일이 필요하다고 생각하는 사람들도 여건이 되면 통일을 해야 한다고 생각하는 것이지, 가급적 빨리 통일을 해야 한다는 사람들은 13.1%에 불과하다. 통일의 가능성에 관해서도 '불가능하다'(24.4%), '30년 이상 걸릴 것이다.'(17.9%) 등의 회의적 시각이 42.3%나 된다. 특히 20대 젊은 세대 중에는 통일의 필요성에 공감하는 사람이 36.7%로 적은 반면, 통일을 반대하는 '분리주의자'가 36.7%에 이른다. 사람들은 통일이 좋은 것이고 필요한 것이기는 하지만, 통일 과정에서 많은 혼란과 갈등을 초래할 것이라는 막연한 두려움을 갖고 있고, 통일 비용에 관해서도 부담을 많이 느끼고 있는 것 같다. 젊은 세대일수록 그러한 경향이 강하다.

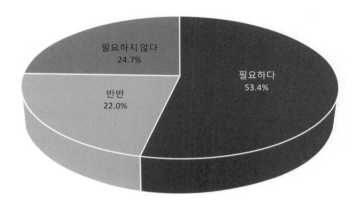

〈표2〉 통일의 필요성(2016)

통일이 되어야 하는 이유에 대해서는 '같은 민족이기 때문'이라는 민족의식은 38.6%이며, '이산가족의 고통을 해결해 주기 위해'는 11.9%로 나타난다. 반면, '남북 간 전쟁 위협을 없애기 위해'(29.7%), '선진국이 되기 위해'(14.2%) 등 실리적인 문제들이 부상하고 있다. 민족의식을 바탕으로 통일의 당위성을 공감하는 사람들이 점점 주는 대신 전쟁 위협 방지나 경제 발전 등 당면한 현실문제의 돌파구로서 통일을 바라보는 사람들이 늘고 있다.

북한은 남한보다 통일을 더 열망하고 있고 그 이유는 다분히 경제적 목적 때문이다. 『북한주민통일의식 2016』에 의하면, 남한 사람 중 통일이 필요하다는 생각을 하는 사람들이 53.3%인 데 비해 북한은 거의 94.9%의 주민들이 통일을 원하는 것으로 조사되었다. 통일이 왜 필요한가라는 질문에 관해서도 북한 주민들은 '북한 주민이 잘살 수 있도록'이 42.0%로 가장 높은 응답률을 보였다. 반면, '같은 민족이기 때문'이라는 응답은 28.2%로 남한의 30.4%보다는 적다. 또 통일이 북한에 얼마나 이익이 될 것인가 하는 질문에 98.6%가 '이익이 될 것이다.'라고 응답했고, 개인에게도 이익이 될 것이라는 응답 역시 97.8%를 기록했다. 남한 주민들의 경우에는 국가에 이익이 된다는 사람이 53.0%, 개인에게 이익이 된다는 의견은 24.6%로 북한 주민들의 시각과 대조적이었다. 북한 주민들이 남한 주민들보다 통일이 가져올 경제적 이익에 대해 훨씬 큰 기대를 하고 있음을 알 수 있다.

<표3> 통일은 왜 필요한가?(2016) - 남과 북의 차이

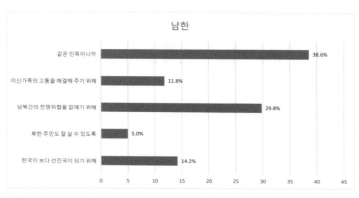

남한

같은 민족이니까	38.6%
이산가족의 고통을 해결해 주기 위해	11.8%
남북간의 전쟁위협을 없애기 위해	29.8%
북한 주민도 잘 살 수 있도록	5.0%
한국이 보다 선진국이 되기 위해	14.2%

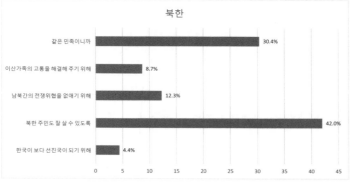

북한

같은 민족이니까	30.4%
이산가족의 고통을 해결해 주기 위해	8.7%
남북간의 전쟁위협을 없애기 위해	12.3%
북한 주민도 잘 살 수 있도록	42.0%
한국이 보다 선진국이 되기 위해	4.4%

2. 뉴코리아: 한국과 조선을 넘어

통일은 "하나의 국가체제 속에서 하나의 민족공동체를 형성하면서 살아나가는 과정"이다. 통일은 지리적 분단, 체제의 분단,

심리적 · 정서적 분단 등 3중적으로 이루어진 분단을 극복하는 작업이다. 통일은 정치적으로 대립하였던 제도를 하나로 만드는 것이고, 경제적으로 상이한 체제를 하나로 거듭나게 하는 것이며, 이질화된 문화를 하나로 탄생시키는 것이다. 그리고 이 모든 결과로 남북의 주민이 심리적으로 "우리는 같은 국민"이라고 느끼게 되는 것이 바로 통일이다. 모든 방면에서 남북의 주민이 하나의 삶의 양식과 정신문명을 공유하는 것을 의미한다. 한국과 조선을 넘어 새로운 나라 뉴코리아(New Korea)를 만드는 일이다.

남북한은 '한국'과 '조선'으로 분단되어 정치, 경제, 사회, 문화 모든 영역에서 자본주의와 사회주의 체제로 발전해 왔다. 남북한의 통일은 이 이질적인 '한국'과 '조선'이 만나는 사건이다. 역사적 전통과 정치체제로부터 사고방식과 생활양식에 이르기까지 서로 다른 인간공동체가 체제의 보호막 없이 부딪힘으로써 정치적 갈등과 경제적, 사회적, 심리적 갈등을 겪는 과정이다. 통일이 언제, 어떤 방식으로 이루어질지 모르나 '한국'과 '조선'이 만나는 통일은 경계의 마찰과 정체성의 부딪힘을 의미한다. '조선'에는 유교 문화적 전통이 아직도 깊게 뿌리 박혀 있고, 6 · 25 전쟁의 막대한 피해로 인해 적대감과 자폐적 집착, 그리고 김일성주의에 의한 종교국가적 성격이 자리 잡고 있다. '조선'과 '한국'의 이러한 상이한 제도와 다른 가치관은 통일 과정에서 남북 간에 심각한 갈등과 혼란을 일으킬 것이다.

한국과 조선의 정체성은 대표적으로 국기와 국가라는 상징을 통해 확인된다. 이러한 국가 상징을 통해 국민 정체성을 확인하며 서로 다른 소속감과 자긍심을 심어 준다. 남북이 아직도 양국의 국기 게양이나 애국가를 허용하는 데 금지하거나 주저하는 것이 현실이고 보면, 남북은 동질적이기보다 이질적인 느낌을 훨씬 많이 갖고 있다. 북한은 대외적 행사에 사용하는 애국가와는 별도로 대내 행사와 모임에서는 〈김일성 장군의 노래〉와 〈김정일 장군의 노래〉, 〈김정은 장군 찬가〉가 더 많이 불린다. 남한의 애국가가 "대한사람 대한으로 길이 보전하세"라고 대한민국을 노래하는 반면, 북한은 "몸과 맘 다 바쳐 이 조선 길이 받드세"라며 조선을 노래한다.

"아침은 빛나라 이 강산/ 은금의 자원도 가득한/ 삼천리 아름다운 내 조국/ 반만년 오랜 역사에/ 찬란한 문화로 자라난/ 슬기론 인민의 이 영광/ 몸과 맘 다 바쳐 이 조선/ 길이 받드세." 북한의 애국가 1절 가사다. 애국가에도 한국과 조선이 분명히 나뉘어 있고, 각자 자신들이 믿는 한국과 조선을 건설하기 위해 노력한다.

휴전선을 사이에 두고 한국과 조선은 적대성이 심각하다. 좌우의 이념적 스펙트럼이 매우 크고, 6 · 25전쟁으로 인한 후유증으로 상대방에 관한 적대감정이 그대로 남아 있다. 남북한의 경제력 격차가 40배 이상으로 북한국민의 소득수준은 남한의 하층민 이하로 떨어진 상태다. 남북 간 빈부 격차와 불평등이 심각한 수준이다. 첨예한 대립을 보이고 있는 군사적 갈등과 긴장, 체제와 제도의 차이, 적대의식과 이질적 가치관 등 많은 문제가 가로놓여 있다. 그래서 통일은 한반도에 수많은 갈등과 혼란을 일으킬 것이고, 그 속에서 남북한 국민은 엄청난 당혹감과 두려움, 시련과 고통을 겪는 과정이 될 것이다.

남북한은 상호이해가 부족한 데다 교류까지 활발하지 못하여 통일독일과 비교할 때 통일 과정에서 어려움이 많을 것이다. 남북한은 한때 연간 18만여 명의 인적 왕래와 17억 달러의 교역 경험을 갖고 있으나 현재 인적 교류가 막혀 있고 물적 교류도 거의 없다. 분단 이후 통일이 되기까지 매년 평균 300만 명이 왕래했던 동서독과 비교하면 성과는 미약하기 그지없다. 교류가 그처럼 활발했던 독일의 경우에도 통일이 된 지 27년이 지난 현재까지 사회통합에 많은 어려움을 겪고 있다. 동독의 생활 수준이 서독의 50%에서 80%로 향상되었지만, 구동독인의 2/3는 자신들을

2등 시민으로 느끼고 있고 3/4은 서독인보다 차별을 받고 있다고 느끼고 있어 통일 과정이 쉽지 않음을 보여준다.

한국과 조선이 만나는 통일은 단단히 둘러쳐 있는 자기체제의 울타리를 허물고 상대를 울타리 안으로 포용해야 하는 어려운 작업이다. 독일에서도 통일 후 차별과 갈등으로 많은 어려움을 겪고 있음을 볼 때, 남북한 통일 과정에서도 많은 갈등과 난관이 예상된다. 한반도 통일이 남북한 사람들에게 재앙이 아닌 대박이 되기 위해서는 한국과 조선을 아우르는 통합과 화합을 도모해야 하며 평화와 발전으로 도약하는 계기로 삼아야 한다.

3. 한반도 미래전략: 통일이 미래다

현재 한국 사회는 여러 난제에 직면해 있다. 지속적 성장 동력의 확보, 청년실업과 교육·복지 문제, 다문화 상황과 생태·환경문제 등 수많은 문제를 안고 있다. 단숨에 해결할 수 없는 문제들이며 장기적 전략과 대책이 필요한 사안들이다. 지난 시기 한국은 유례없는 고도성장과 국민적 노력을 통해 산업화와 민주화를 세계에서 가장 빠른 속도로 달성하였다. 그러나 경제성장은 한계에 다다랐고 깊은 이념 갈등으로 정치적 혼란에 빠져 있다. 대한민국의 미래, 한반도의 미래에 관해 심각한 고민을 하지 않을 수 없다. 산업화와 민주화를 이룬 대한민국이 백 년 앞을 내다보며 준비해야 할 한반도 미래전략은 무엇일까? 향후 백 년을 의미 있게 만들 대한민국의 시대적 과제는 과연 무엇이어야 하는가?

그것은 단연 남북의 분단을 극복하고 통합된 한반도를 건설하는 일일 것이다. 분단된 한반도가 분단으로 치르는 비용, 즉 분단 비용이 천문학적으로 증가하고 있어서 이 분단 비용을 줄이지 않고서는 한국의 미래발전을 기대하기 어렵기 때문이다. 분단체제에 익숙해진 나머지 분단이 주는 폐해를 잊고 살지만, 분단의 비효율성은 날로 커지고 있다. 분단체제를 효율화하기 위해 통합 한반도를 건설하는 일은 이런 점에서 매우 중요하다. 실로 대한민국의 백년대계를 위한 시대적 과제요, 한반도 미래를 위한 전략이 아닐 수 없다.

통합된 한반도는 동북아의 평화와 안정에 직결된다. 탈냉전 이후 한·중·일 FTA가 논의되며 이미 상당 수준의 경제적, 사회적 상호연계가 진행되고 있다. 중국이 급부상하고 미국패권의 기본 틀이 달라지고 있다. 한국의 대중국 무역은 이미 미국·

일본과 합한 것보다 큰 규모로 성장했고 관광·유학생·문화 교류는 빠르게 진전되고 있다. 이 흐름을 거스르는 변수가 바로 북한이다. 북한이 동북아 지역 발전에 가장 큰 불안 요소로 떠올랐다. 북한 문제가 해결되면 동북아는 지금보다 훨씬 안정되고 평화로운 지역으로 발전하며 그야말로 발전과 번영의 시대를 맞는다. 그렇게만 된다면 2030년 동북아는 북한이 하나의 정상국가로서 인정받고 국제사회의 한 파트너로 활동하는 변화가 예상된다. 이를 위해 남북통합을 지역통합과 선순환적으로 연계하는 한반도 미래전략이 필요하다.

한반도의 통일은 단순히 남북한 민족 간의 통합이라는 차원을 넘어서는 문제다. 이데올로기 갈등이 구조화된 환경을 어떻게 관리하고 극복해 나가며 지속 가능한 평화를 구축할 것이냐는 보편적 주제이기 때문이다. 세계적으로 민족 간, 종교 간, 계급 간 폭력적 갈등이 심화하는 시대에 이러한 갈등을 해소하고 공동체의 구성원들이 평화롭고 행복하게 살 수 있는 사회를 건설하는 것은 세계가 염원하는 소망이다. 냉전의 처참한 전쟁을 치른 한반도가 이데올로기 대립과 대결을 극복하고 통일을 이룬다면 평화를 염원하는 세계인들에게 큰 희망을 줄 수 있을 것이다. 이런 점에서 통일은 평화의 방식과 내용을 담아내야 하며, 그럴 때 한반도의 통일은 보편적 평화의 실현이라는 세계사적 의미를 지니게 된다.

한반도 통일이 세계사적 보편성을 지니고 있다는 것은 통일의 이슈 자체에만 그치지 않는다. 그것은 한국이 21세기에 차지하는 세계사적 위상 때문이기도 하다. 한국은 가장 단기간 내에 압축적인 경제성장을 이루었고 정치 민주화와 복지제도도 비교적 이른 시간 안에 성취하였다. 뿐만 아니라 축구, 골프, 쇼트트랙, 피겨스케이트 등 스포츠 분야와 음악 예술과 영화 등 한류문화, 컴퓨터와 핸드폰 등 정보산업 분야에서 세계적 이목을 끌고 있다. 이처럼 세계적으로 유망한 분야에서 괄목할 만한 성공을 보여 주고 있는 한국이 분단과 이념대립이라는 정치·군사적 장벽을 극복하고 공존과 타협으로 통일을 이룩한다면 무력갈등과 폭력적 분쟁으로 좌절하는 세계인들에게 희망과 기대를 안겨 줄 것이다.

4. 통일의 손익계산: 비용과 편익

통일미래

통일이 되면 통일 코리아의 모습은 크게 달라진다. 먼저 인구의 측면에서 보면 현재 남한의 인구는 5,020만 명으로 세계 25위, 북한은 2,470만 명으로 세계 49위다. 남북한을 통합한 인구는 7,490만 명으로 통일 한국은 세계 19위의 인구대국이 된다. 국토면적으로는 땅이 크지는 않지만 국토도 2배로 늘어나 현재의 109위에서 세계 85위로 높아진다. 뿐만 아니라 자원이 풍부해진다. 북한에는 흑연, 철광, 아연, 구리, 세계 3위를 자랑하는 마그네사이트 등 광물이 세계적 규모로 매장되어 있어서 통일 한국은 자원 강국이 된다.

경제적으로는 남북한이 통합되면 내수시장이 7천만 명 이상으로 커져 우리 경제는 해외 의존도를 벗어나 자생적으로 성장할 수 있는 기반을 갖게 된다. 무역량도 많이 늘어날 것으로 기대되고 무엇보다, 군대 규모를 축소해 산업인력으로 활용할 수 있게 된다. 통일 한국의 적정 군대 규모를 30만~40만 명으로 보고 있는데, 그렇게 되면 통일 이후 북한에서 약 80만 명, 남한에서 약 40만 명의 청년들이 노동시장에 진입할 수 있게 된다. 취업률을 70% 정도로 보면 남한은 약 60억 달러, 북한은 약 6억 달러의 생산량을 증가시킬 수 있을 것으로 기대된다. 경제적 측면에서 통일 코리아의 전반적인 국력은 신장한다. 경제력과 군사력, 인구 잠재력, 기술력을 합하여 종합국력이라고 하는데, 남북한이 통일이 되면, 현재를 기준으로 세계 10위가 되며 2030년에는 세계 6위, 2050년에는 세계 5위의 신흥 강대국이 된다. 2030년에 G7에 진입하고 2050년에 세계 5위의 강대국이 된다는 것은 지금 생각하면 꿈만 같은 일이다.

통일 비용

이러한 꿈같은 통일을 현실로 만드는 데는 비용도 만만치 않을 것이다. 많은 사람들이 걱정하듯이 통일 과정에는 긴급구호, 남북 간의 빈부 격차 해소, 실업문제, 대량 인구이동, 교육과 복지, 사회보장 문제 등 여러 난제가 놓여 있다. 여기에 드는 비용도 적지 않을 것이다.

통일부는 2030년에 통일이 된다고 가정하여 통일 전 20년간 남북 간 공동체 형성 비용으로 79조 원(GDP 대비 0.14%)이 들어가고, 2040년까지 10년간 남북통합 비용으로 734조 6,000억~2,757조 2,000억 원(GDP 대비 1.7%~6.76%) 등 총 813조~2,836조 원의 통일 비용이 소요될 것으로 추산한 바 있다. 이러한 통일 비용의 추계는 사실, 통일이 어떻게 진행되느냐, 즉 통일방식에 따라 천차만별로 달라지기 때문에 확정적이라고 말할 수는 없지만, 통일부의 기준을 따른다고 했을 때, 통일 비용으로 드는 재정은 우리나라 연간 GDP의 1.7~6.7%에 해당한다. 많게 잡아 대략 GDP의 7% 정도를 통일 비용으로 투입하게 된다. 많다면 많고 적다면 적다 할 수 있다.

통일 편익

그러나 통일 비용만 들어가는 것이 아니라, 앞에서 설명한 대로 통일에 따르는 이익이 있고, 그 혜택을 금액으로 치면 6,800조 원에 이를 것으로 예측된다. 통일 비용을 넉넉히 잡아 2,800조 원이라고 하면, 통일에 따른 순혜택이 4,000조 원을 넘는 셈이다. 물론 통일의 혜택이 당장 오는 것이 아닐 수 있어서 통일 비용을 걱정할 수 있다. 그러나 통일 비용 2,800조 원을 모두 정부가 부담하는 것이 아니라, 민간 분야의 투자를 받아 충당하는 부분도 있어서, 실제 국민 세금으로 정부가 지출해야 하는 비용은 900조 원 이하로 줄어들게 된다. 연간 GDP의 2% 정도가 된다.

철도, 도로 등 사회간접자본 확충은 북한의 산업발전뿐만 아니라 남한의 대륙 진출 교두보를 확보한다는 점에서 남북 모두에게 이득을 가져다준다. 김일성도 사망 직전인 1994년 6월 벨기에 노동당 중앙위원장과의 담화에서 중국 쪽의 서해안철도를 중국상품 수송 루트로 활용하면 연간 4억 달러를 벌 수 있고, 동해안철도를 통해 러시아나 중국 동북 3성의 물자를 운송해 줄 경우 연간 10억 달러의 수익을 올릴 수 있는 등 가만히 앉아서 한해에 15억 달러의 돈을 벌어들일 수 있다며 기대감을 표시한 적이 있다. 북한 철도와 도로망의 개발, 그리고 대륙으로의 연결은 우리에게도 적지 않은 이익을 가져다준다. 중국과 유럽대륙으로 수송하는 물류비를 30% 절감할 수 있고 수송 기간을 단축할 수 있다.

경제적 편익 외에 통일이 되면, 분단 한국을 바라보는 외국인들의 부정적 인식도 크게 개선된다. 몇 년 전 외교통상부가 국내 거주 외국인들을 대상으로 '바람직한 국가 이미지 정립을 위한 에세이 공모'를 한 적이 있다. 이 공모에서 외국인들은 한국에 관한 부정적 인식을 불러일으키는 중요한 요소가 바로 북한이라고 평가했다. 기업이나 시장에서도 이른바 '코리아 디스카운트'라는 현상이 있는데, 코리아 디스카운트란 남북 관계가 경색되어 한국기업의 시장가치가 여타 국가의 기업 가치보다 저평가되는 현상을 말한다. 통일이 되면 이러한 코리아 디스카운트 현상이 없어지고, 대신 코리아 프리미엄이 생겨난다. 현재의 경제강국, 기술강국이라는 국가 이미지에 평화와 화해의 이미지를 덧입힐 수 있으므로 코리아 프리미엄이 생겨난다. 통일에 드는 경제적 비용이 통일을 가로막는 결정적인 문제가 아님을 알 수 있다.

〈그림1〉 통일의 비용과 편익

5. 분단 비용

통일 코리아의 가치는 통일의 이익과 비용, 편익으로만 따질 수 있는 문제는 아니다. 통일이익을 논하고 통일 비용을 따지기 전에 분단 상황에서 현재 남북한이 치르고 있는 비용, 즉 분단 비용을 깊이 성찰해 볼 필요가 있다. 특히 대한민국이 치르고 있는 비용과 구성원들이 겪고 있는 고통을 들여다보아야 한다. 통일이 되면 어떤 이익이 있다, 어떤 손해가 된다는 논의도 중요하지만, 현재 우리가 사는 분단의 삶을 되돌아보면서 당장에 치르고 있는 분단 비용의 심각성을 자각할 필요가 있다. 통일의 비전과 손익계산은 우리가 발을 딛고 있는 분단의 현실에서 출발해야 한다. 분단된 한반도를 사는 우리 삶의 현장이 어떤가를 진지하게 들여다보지 않으면, 통일이 왜 필요한지 답하기 어렵다. 통일 대박만으로는 설명할 수 없는 분단의 고통과 비용이 남북한의 현실 속에 깊이 들어와 있기 때문이다.

첫째로 분단이 초래한 지리적 폐쇄성으로부터 오는 폐해가 대단히 크다. 분단으로 말미암아 남한은 지리적 밀폐 공간으로 전락하였다. 삼면이 바다이고 다른 한 면은 철조망으로 둘러쌓여 있으니 지리적으로 본다면 고립된 섬이나 다를 바 없다. 지리적인 밀폐성은 우리의 경제와 사회에 막대한 피해를 주고 있고 의식과 가치관에도 영향을 주고 있다. 사람의 의식과 가치관은 지정학적 요인에 지대한 영향을 받는데, 한국인들은 지리적으로 밀폐된 공간에 놓여 지리적으로 열린 세계에 관한 비전을 상실하고 있다. 우리 사회에 굳어진 배타주의와 폐쇄성이 분단의 지리적 밀폐성에 의해 강화·재생산되고 있다.

둘째로, 분단이 끼치고 있는 경제적 손실이 막대하다. 분단체제하에서 남북한은 휴전선에 180만 병력과 엄청난 화력을 쏟아 붓고 있다. 이 엄청난 군사비용을 줄이지 않으면 지속 가능한 경제기반을 구축할 수 없다. 경제학자 조동호와 김병연에 의하면, 남북한이 40만의 병력을 유지할 경우, 즉 남한이 인구비례로 가정하여 27만 명의 병력을 유지할 경우, 국방비 지출과 보유병력의 축소만을 통해 연간 평균 4~5조 원 정도의 재정을 확보할 수 있게 된다. 남북한 총군사비 연간 230억 달러 가운데 남한만 보더라도 40억 달러 이상의 재원을 절감하여 경제건설에 전환할 수 있다. 200만의 병력을 30~40만으로 축소할 경우 남북한의 국방비는 현재 44조 원에서 29조 원으로 15조 원가량 줄어들며, 절약한 돈은 서울과 신의주 고속도로를 연간 5개 건설할 수 있는 금액이다. 여기에 남북 간 군사적 대치로 발생하는 경제 사회적 비용도 연 5조 원 정도 줄일 수 있을 것으로 봐서, 통일에 따른 한반도 안보 비용이 전체적으로 매년 21조 3,000억 원가량 줄어들게 된다.

셋째로, 분단이 끼친 사회적 폐해도 심각하다. 지리적 분단은 필연코 사회적 분단을 초래할 수밖에 없다. 지리적 분단은 사회관계를 폐쇄적, 배타적으로 만들어 버렸다. 배타적, 폐쇄적 사회관계는 현재 한국 사회의 크나큰 병폐가 되고 있다. 이러한 극도의 대립과 배타적 상호관계의 외적 환경은 남북 간 사회 내부에 분단구조를 내재화하여 그 속에 사는 사회구성원들은 적대적 대립과 흑백논리, 극한 대결을 일상화, 내면화하였다. 이것은 분단구조가 한반도 구성원들에게 끼치고 있는 최대의 폐해다. 프랜시스 후쿠야마(F. Fukuyama)의 주장처럼 신뢰(trust)는 사회적 자본(social capital)으로서 21세기 국가발전의 가장 중요한 자산이다. 신뢰가 없는 사회는 불신으로 인해 공직자의 부패가 만연할 뿐만 아니라 부정부패를 감시하는 데 큰 비용이 소모되어 효율성이 떨어지게 된다. 오랜 분단으로 한반도는 사회적 자본인 신뢰가 파산상태에 이르렀다. 불신은 분단이 빚어낸 최대의 비극이며, 분단의 극복, 즉 최소한의 안정과 신뢰를 갖춘 나라를 만들기 위한 통일은 필수과제다. 한반도의 지속적 발전을 위해 분단을 극복하고 신뢰의 사회적 자본을 회복하는 일은 시급하다.

6. 통일몽

통일의 손익계산에서 비용보다 편익이 훨씬 많다고 해도 통일의 이익은 장기적으로 받을 혜택이어서 당장 우리 손안에 들어오는 것은 없다. 때문에 통일의 미래를 준비할 때 중요한 것은 분단 현실에 함몰되지 않고 통일의 꿈과 희망을 지펴나가야 한다는 점이다. 통일의 꿈과 희망을 담은 통일몽은 분단의 아픔을 아는 사람만이 상상할 수 있는 미래다. 분단 때문에 무엇을 잃어버리고 사는가를 성찰할 때 주어지는 선물이다. 삼중적 분단이 우리에게 초래한 엄청난 폐해와 고통을 깊이 들여다보아야만 통일몽은 생겨난다. 분단된 좁은 땅 안에서 답답함과 짓누름을 벗어나고자 하는 탈분단의 열망이 있어야만 통일몽도 그만큼 강렬해진다.

통일몽은 밀폐된 삶의 공간을 대륙으로 확장시키는 일로부터 시작된다. 길이 열려야 마음도 열리는 것이다. 사람의 의식과 생각은 지정학적 환경에 영향을 받으므로 대한민국이 대륙으로 통하는 길이 열리면 닫힌 공간에서 굳어진 우리의 배타성과 폐쇄성도 달라질 것이다. 지리적으로 열린 세상이 되면 우리의 마음도 그 길을 따라 세계로 나아간다. 사실, 인터넷이 세계로 연결된 열린 세상이라고 하지만 우리의 마음과 생각은 휴전선을 넘어가지 못하고 있다. 남한의 삶의 공간이 대륙으로 연결되어 중국과 연해주로 진출한다면 우리의 마음도 그만큼 열릴 것이다. 런던과 파리로 기차여행을 할 수 있고, 자동차를 몰고 아시아, 유럽, 아프리카 대륙을 자유롭게 여행할 수 있게 된다. 대륙으로 통하는 공간적 열림, 이것이 우리가 희망하는 통일의 꿈이다.

통일이 되면 경제적으로는 분단경제의 취약성을 극복하고 경제권이 대륙으로 연결되어 튼튼하고 안정된 경제기반이 형성된다. 휴전선에 쏟아붓고 있는 군사비를 경제건설로 전환하여 얻는 생산 효과는 물론 코리아 디스카운트 현상이 없어지고 코리아 프리미엄이 생겨나 시너지 효과가 커진다. 북한과 경제협력이 이루어지면 북한의 저렴한 노동력과 남한의 우수한 기술과 자본이 결합하여 발전 가능성이 커질 뿐 아니라 평화 무드가 조성되고 안정적 경제기반의 틀이 갖추어진다.

병력 감축도 이루어져 군 복무 제도도 징병제에서 모병제로 전환되는 획기적인 변화가 생긴다. 2017년 대선후보로 출마한 남경필 경기지사는 모병제를 제안하여 벌써부터 우리 사회에 관심이 높아졌다. 통일이 되면 대한민국 청년 학생들이 군 복무 부담에서 자유로워져서 마음껏 공부하고 자기 꿈을 펼치는 시대가 된다. 물론 나라를 지키기 위해 군인으로 활동할 사람들은 자유롭게 군 복무를 할 것이다. 그렇게 되면 자발적으로 군 복무를 하는 군대와 군인들의 자부심이 한껏 높아지고 이를 바라보는 국민의 태도도 획기적으로 달라질 것이다.

통일 미래에는 전쟁에 관한 피해망상적 불안의식이나 극도의 두려움이 사라진다. 남북한이 협력관계를 진전시키면 전쟁의 실제적 가능성이 작아져 전쟁 공포와 피해망상으로부터 해방될 수 있다. 그 결과 우리 사회에 만연해 있는 불안과 불신을 극복하고 안정된 사회, 신뢰가 넘치는 사회가 우리 곁에 다가온다. 극단적 이념 갈등이 완전히 사라지지는 않겠지만, 분단체제에서 온존하는 흑백논리는 약화하고 다양성을 존중하는 건강한 사회가 형성된다.

대한민국이 중견국에서 선진국으로 성장하려면 분단문제 해결은 필수적이다. 분단문제를 해결하지 않고서는 대한민국의 미래가 없다. 통일은 분단 현실에서 치르고 있는 지리적, 경제군사적, 사회적 비용을 줄이는 일로부터 시작해야 한다. 대륙으로 통하는 공간을 열어야 하고 분단으로 어려움을 겪고 있는 경제현실을 직시하며 남북의 공동번영을 위해 남북 간 경제협력이 불가피함을 인식해야 한다. 통일은 분단의 현실과 맞닿아 있고 분단 현실에서 치르는 비용을 극복하는 데서 출발해야만 통일 대박으로 연결될 수 있다.

제3장

통일은 정말 가능한가

1. 북한 붕괴론과 통일 대박

　최근 몇 년간 우리 사회에 통일을 임박한 주제로 다루는 경향
이 생겨났다. 통일이 곧 닥쳐올지 모르니 통일준비를 해야 한다
며 '통일준비위원회'를 신설했다. 그 기저에는 북한이 갑자기 무
너질 수 있다는 북한 붕괴론이 깔려 있다. 김정은 집권 이후 고모
부인 장성택을 처형하고 이영호, 현영철 등 측근 수백명을 숙청
하는 등 북한 정권이 불안정하다. 고위층 엘리트가 탈북 망명을
시도하고 중국에 나와 있던 북한식당 종업원들의 집단 탈북도
발생했다. 밖으로는 유엔 안보리 대북제재 결의안 2321호가 강
도 높게 진행 중이고 미국·한국·일본의 개별제재로 시행 중이
다. 막 출범한 미국 트럼프 행정부는 벌써부터 북한에 관한 '선제
타격' 가능성을 내비치고 있다. 북한 정세에 관한 이 같은 불안심
리가 통일준비 논의로 이어지고 있다.

　그러나 북한의 조기붕괴론이 어느 정도 사실인가 하는 점은

좀 더 따져 봐야 한다. 2017년 2월 한국개발연구원(KDI)은 '북한 주요 경제정책 동향: 2016년 평가 및 2017년 전망'에서 북한이 국제사회의 강력한 대북제재에도 불구하고 2016년 경제가 오히려 안정적인 성장세를 보였다고 평가했다. 북한에 400개의 시장이 들어섰고 10%의 상인계급이 생겨났으며 80%의 주민들이 시장거래를 하며 살아간다. 그럼에도 60%를 넘는 주민들이 주체사상에 관한 자부심을 느끼고 있고 그중 30%는 강한 신념을 가진 상태다. 김정은 국무위원장의 지지도는 63% 정도로 조사되고 있다. 탈북자들 자신도 북한 사회주의 체제가 5년 이내 붕괴할 것으로 보는 사람들은 11% 정도밖에 안 된다. 다수는 북한체제의 유지를 장기적 시각에서 보고 있다.

〈표4〉 북한 주민의 주체사상 자부심 정도 (탈북자 대상 조사, 2016)

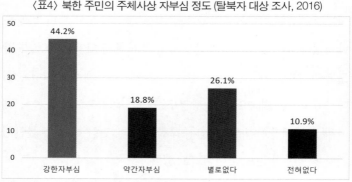

자료: 김병로·정동준·정근식 외, 『북한 주민 통일의식 2016』

<表5> 북한 정권 예상 유지 기간 (탈북자 대상 조사, 2016)

자료: 김병로 · 정동준 · 정근식 외, 『북한 주민 통일의식 2016』

2장에서 설명한 통일의 휘황한 미래에도 불구하고 한반도의 현실은 통일과 너무나 동떨어져 있다. 비무장지대(DMZ)에는 엄청난 화력과 병력이 대치하고 있고 남북이 서로 적으로 규정하는 정전협정이 여전히 살아 있다. 남북 간에 불가침과 교류 협력을 규정한 기본합의서가 체결되어 있다고는 하나, 남북연락사무소 같은 최소한의 제도적인 통합기구 하나 제대로 갖추지 못한 상태이다. 개성공단도 폐쇄되었고 언제든지 무력충돌이 가능할 수도 있는 위험한 상태다. 70년이 넘도록 적대관계를 근본적으로 해소하지 못한 채 대립적인 대치상태를 지속하고 있다. 통일 환경이 그리 녹록지 않으며 통일미래 기획이 절대 쉽지 않음을 말해 준다.

북한 핵 문제 또한 통일에 심각한 장애물이다. 북한은 2012년 4월 헌법에 핵무기 보유를 명문화함으로써 북핵 문제 해결이 더욱 어려워진 시대를 맞고 있다. 2013년 3월 31일에는 당 중앙위원회 전언회의에서 새로운 국가발전전략으로 경제건설과 핵무력 건설을 동시에 추구한다는 '경제 · 핵 병진 노선'을 결의하였다. 시장화와 정보유통의 증대, 한류의 영향 등으로 여러 사회문제들이 심각해지고 있는 것은 분명하다. 빈부 격차도 커지고 있고, 체제결속력도 과거보다 많이 약해졌다. 그러나 아직은 심각한 붕괴의 징후는 드러나지는 않고 있다. 이러한 여러 지표를 종합해 볼 때 북한 붕괴가 임박한 것은 아니다.

더 큰 문제는 북한이 붕괴한다 하더라도 그것이 통일로 이어질 가능성은 희박하다는 사실이다. 현재 우리 국민의 의식 속에는 북한과의 통일을 절대적인 과제로 생각하는 비중이 현저하게 약화하고 있다. 약 절반만 통일이 필요하다는 데 공감하고 있고 나머지는 관심이 없거나 통일이 필요 없다는 '분리주의' 생각을 갖고 있다. 통일 의지는 통일을 추동하는 동력인데, 아직 통일의 에너지가 마련되어 있지 않다.

북한의 붕괴가 통일로 이어지기 위해서는 북한 주민들의 선택이 무엇보다 중요하다. 북한 사람들이 대한민국을 통일의 미래로 받아들이고 있는지, 우리는 대한민국을 통일의 미래세상으로 만들어 가고 있는지 자문해 보아야 한다. 북한 주민들의 79%가 중국을 가장 선호하는 국가로 인식하고 있고 남조선(한국)에 관한 호감은 16.1%에 불과하다. 이런 상황에서는 설령 북한이 붕괴한다 해도 그것이 통일로 이어질 가능성은 거의 없다. "통일은 북한 주민의 민심잡기다"라고 말할 수 있는데, 그런 입장에서 보면 한반도 통일은 전혀 준비되지 않았다.

2. 이중구조

국민의식과 민족의식

남북의 국가성과 이질성, 적대성, 비대칭성은 통일을 어렵게 하는 요인들이다. 우선, 시간이 지날수록 강화되는 남북한의 국가성은 민감한 이슈다. 1991년 9월 대한민국과 조선민주주의인민공화국은 독립의석으로 유엔에 동시 가입을 하였다. 유엔이 독립국가만 참가할 수 있는 국가 간 기구라는 점에서 남한과 북한은 명실상부하게 개별 국가로서의 인정을 받게 된 셈이다. 유엔 동시 가입은 한반도 영구분단을 초래한다고 반대하던 논리들도 없지 않았지만 탈냉전과 동구권의 붕괴가 진행되던 상황에서 남북한은 큰 어려움 없이 유엔회원국이 되었다.

유엔의 동시 가입은 국제무대에서 남북한 통일의 명분을 약화시킬 우려를 낳는다. 국제사회에서 두 국가로 인정받는 것은 자칫 통일에 장애가 될 우려도 있어서 "one Korea"와 "two Korea" policy 사이에서 지혜로운 균형점을 찾아야 한다. 이런 이유로 남한과 북한은 별개의 독립국이 아니라 '분단국'으로서 통일을 지향하는 특수한 관계라는 점을 강조한다. 본래는 하나의 국가를 지향하지만 역사적으로 국제사회에 의해 분할된 국가를 '분단국'이라 부른다. 분단국은 분리주의나 독립운동을 추구하지 않고 궁극적으로 통일국가에 관한 공통의 의지를 표방한다는 점에서 통일의 명분을 상실하지 않는다. 실제로 1991년의 남북 기본합의서에서도 '남북은 나라와 나라 사이의 관계와는 다른 통일을 지향하는 과정에서 잠정적으로 형성된 특수관계'라고 규정했다. 남북한의 통일 명분과 의지를 대내외에 표방함으로써 통일의 정당성을 확보하려는 노력인 것이다.

국가성의 강화로 민족의식은 약화하였다. 한국과 조선의 국가의식이 강해지면서 민족의식도 '대한민국' 민족의식과 '조선공화국' 민족의식으로 분리된 것이 아닌가 하는 우려가 크다. 남한은 우리 민족을 한민족이라 주장하고, 북한은 조선민족이라 하니 민족의 정체성도 애매하다. 남북 간 왕래와 교류가 증대하면 민족의식이 높아질 것이라는 막연한 기대와는 달리 각종 마찰과 갈등 때문에 자국의 국민의식을 더 공고히 하는 반작용을 낳는다. 한국과 조선이 같은 민족임을 확인할 수 있는 공통된 '언어'의 부재로 민족의식을 고취하는데 상당한 어려움이 있다. 북한은 이러한 언어상의 문제를 해결하는 방법으로 "우리 민족끼리"라는 용어를 만들어 민족의식을 강화하고 있다.

이질성과 동질성

남북한 주민 모두 여러 면에서 남북 간 이질성이 매우 큰 것으로 인식하고 있다. 남한 주민들은 선거 방식(92.4%), 생활 수준(94.9%), 역사 인식(80.7%), 언어 사용(81.3%), 생활풍습(77.8%), 가치관(91.0%) 등에서 북한과 다르다고 인식하고 있다. 북한 주민들도 남한에 대해 비슷한 이질감을 느끼고 있다. 북한 주민들은 선거 방식(94.2%), 생활 수준(96.4%), 역사 인식(94.7%), 언어 사용(93.5%), 생활풍습(89.1%), 가치관(90.6%) 등 모든 면에서 남북한

간의 차이가 '있다'고 응답하였다. 남북 간 체제와 문화의 이질성
은 심각한 수준이다.

남한에는 '한국'의 현대적, 상업적 대중문화가 정착되고 북한
에는 '조선'의 전통적, 폐쇄적 주체 문화로 자리 잡고 있다. 남한
에 입국한 탈북자들은 생활템포와 영어 위주의 언어 사용, 서구
화된 낯선 생활양식, 체제의 차이 등으로 사회적응에 큰 어려움
을 겪는다. 남한 사람들도 탈북자들을 사업동업자로서 39.6%가
꺼리고, 결혼 상대자로서는 47.3%가 꺼린다고 답하였다.

남북 간 정치, 경제, 문화의 이질성이 심각하기는 하나 동질적
이며 공감할 부분도 많다. 김치를 먹고 한복을 입는 것, 씨름, 윷
놀이 등을 비롯한 여러 전통을 공유하고 있고, 어린이들의 닭싸
움, 고무줄놀이, 술래잡기, 말타기도 그대로다. 1300년 동안 통일
국가를 유지해 왔다는 역사의식과 일제 식민지의 경험 등은 구
성원들에게 같은 민족의식을 불러일으킨다. 뿐만 아니라, 효와
장유유서의 예절 등 유교적 윤리 도덕도 남북한이 공유하는 인
간관계의 규범이며 가치이다.

북한 안의 주민들도 한류에 관한 관심이 높고, 남한에 정착한
탈북자들도 생활에 대체로(79%) 만족하는 것은 고무적이다. 언
어의 이질화가 심각하다고 하지만, 영어나 일본어, 중국어로 대

화하는 것보다는 훨씬 가깝게 느껴지는 것은 너무 당연하다. 미국이나 일본, 중국, 러시아 등 주변국과 비교하면 북한과는 언어에서부터 역사, 문화 등 모든 면에서 더 가깝다.

적대성과 협력의식

남북한 사이의 신뢰상실과 적대성은 상대방이 무력으로 도발해 올 것이라는 불안과 불신에서 확연하게 나타난다. 남한 주민은 북한의 무력도발 가능성에 대해 '많이 있다'(15.3%), '약간 있다'(50.9%)를 합하여 66.1%가 '있다'라고 응답하였다. 마찬가지로 북한 주민도 남한의 무력도발 가능성에 대해 '많이 있다'(29.7%), '약간 있다'(27.5%)를 합하여 57.2%가 '있다'라고 응답했다. 즉 다수의 남북한 주민들이 상대방의 무력도발 가능성에 대해 높다고 인식한다. 상호 안보 불안이 심각함을 보여 준다. 지난 8년의 추이를 보면 남북주민의 안보 불안이 대칭적으로 변화한 것을 볼 수 있다. 즉 남한의 안보 불안이 높아지면 북한에서도 동일하게 불안의식이 높아진다는 것을 의미한다.

한국은 14.8%가 북한을 적으로 생각하며 21.6%는 경계해야 할 대상으로 바라보는 반면, 힘을 합쳐 협력해야 할 대상으로 보는 사람은 43.7%다. 도와주어야 할 대상으로 북한을 보는 사람도 11.6%다. 반대로 북한은 남한을 적으로 생각하는 사람이 22.6%, 경계 대상 10.2%이며, 협력 대상으로 보는 사람은 53.3%나 되며 도와주어야 할 대상으로 보는 사람도 11.7%가 된다. 대체로 남북에서 서로를 '적'으로 보는 시각은 15~20% 정도로 형성되어 있고, 협력 대상으로 보는 견해는 45~55% 정도, 경계 대상 10~20%, 지원대상 10% 정도로 적대성과 형제애 의식이 형성되어 있다.

대칭성과 비대칭성

경제 총량에서 보면 남한은 북한보다 43배가 크다. 한반도 전체에서 생산되는 경제 총량의 98%가 휴전선 이남에서 생산되고 휴전선 북쪽에서는 단 2%밖에 생산되지 않는다. 엄청난 비대칭이요 불균형이다. 남북 간 경제력 격차가 43배나 되기 때문에 통합된 자산 및 소득 격차가 커져 남북의 계층 간 불평등은 매우 크다. 북한의 소득분포는 크게 상층부(20%), 중간층(55%), 극빈층(25%)으로 구분되며 하류층은 각종 질병과 영양실조 등으로 스스로 생계를 유지할 수 없다. 탈냉전과 뒤이은 남북한의 정치 ·

경제적 전환은 남북한 간 힘과 자원의 현저한 비대칭성을 심화시켰다. 갈수록 심각해져 가고 있는 남북한의 경제 발전 수준과 빈부 격차는 남북 간 다툼과 충돌을 일으키는 잠재적 원인이 된다. 이는 통일 과정에서도 심각한 갈등요인으로 작용할 것이다.

그러나 다른 한편에서는 분단체제의 대칭성이 그대로 유지되는 측면도 있다. 남북 간 문화나 정보 개방 부분에서는 철저히 대칭적이다. 경제나 사회문화 분야에서, 그리고 민간단체의 분야에서는 남한의 영향력이 절대적으로 우세하고 '한류'의 영향이 동남아와 일본, 중국, 북한에까지 영향을 주고 있지만, 정치적으로는 정치회담과 대남정책 등의 분야에서 여전히 단순 대응관계를 유지하고 있다. 북한이 영화나 드라마가 너무 느리고 흥미도 없으며 시대에 뒤떨어져 있는 듯하여 남한이 일방적으로 개방한다 해도 큰 문제가 되지 않을 것 같으나 북한 TV나 방송을 개방하지 않는다. 해외에서 자유롭게 볼 수 있는 북한 사이트 접근을 원천적으로 차단하고 주민 접촉이나 왕래를 법적으로 엄격히 제한하는 남북한은 여전히 대칭 구조를 유지하고 있다. 북한보다 43배가 커진 한국은 여러 면에서 남북 관계를 주도적으로 이끌어갈 책임이 있다.

3. 전환기적 분단 갈등

남북 간에는 치열하게 다툼을 벌이고 있는 여러 갈등의 이슈
들이 잠재해 있고, 그것은 언제든지 폭력적 갈등으로 발전할 수
있는 개연성을 지니고 있다. 북한은 국가보안법 철폐를 포함하
여 미군 철수, NLL 재설정, 평화협정 체결 등을 먼저 해결할 것을
요구하고 있다. 북한이 말하는 이른바 '근본문제'다. 이러한 주장
에 대해 남한은 북한의 핵 문제, 인권개선과 이산가족 · 납북자
문제 해결, 경제개혁 개방 등을 선결해야 할 사항이라며 맞대응
하고 있다. 이보다는 낮은 수준에서 대립하는 당면현안들도 있
다. 북한이 요구하는 경제지원과 협력의 확대, 금강산 관광 재개,
남한이 요구하는 천안함 · 연평도 사건에 관한 사과와 재발 방
지 약속 등이 여기에 속할 것이다. 이러한 당면현안이나 근본문
제는 촉발 요인만 만들어지면 언제든지 폭발적 갈등으로 비화할
수 있는 휘발성을 지니고 있다.

북한의 핵무기 개발과 이를 둘러싸고 전개되는 한반도의 무력
갈등은 점점 극단으로 치닫고 있다. 벌써 5차례의 핵실험을 감
행하고 '인공위성' 로켓 실험과 잠수함발사탄토미사일(SLBM) 실
험 등으로 유엔 안보리 대북제재 결의안 2321호의 대상이 되었

다. 남한 시민단체의 대북 전단살포와 김정은에 관한 실명 비난을 보복하겠다며 남한시설에 관한 '조준사격'과 '처단자 명단' 등으로 위협했다. "남조선 당국자들의 본거지를 송두리째 날려 보내기 위한 거족적인 보복 성전을 개시할 것"이라고도 했다. 남북 간 언어폭력은 이제 거의 일상화된 듯하다.

나라 밖으로도 한미동맹과 중국과의 경제협력 등 분단에서 통일로 전환되는 과정에서 미국과 중국을 포함한 주변국과의 외교 갈등이 존재한다. 남북한은 각기 주변 4국의 이해관계에 복합적으로 얽혀 있어서 외교갈등도 복합적으로 나타나고 있다. 한국과 조선이라는 국호의 호칭을 놓고 국가 정체성이 다르며, 미국과 중국에 관한 인식에서 견해차가 뚜렷하게 존재한다. 민주주의와 자주, 세계화 같은 정치 사회적 견해차가 크다. 이와 같은 외교와 역사, 정치적 이슈에서 남북한은 치열한 싸움을 하고 있다.

남북한이 분단 때문에 상호 간의 이익을 확보하는 과정에서 발생한 다툼을 분단 갈등이라 한다면 남북한에 존재하는 이데올로기 대립과 경쟁 자체가 근본적인 분단 갈등을 낳는 원인이라 할 수 있다. 갈등의 근본적인 원인이 다른 나라의 경우에는 주로 경제적 이유이거나 인종, 민족, 종교 같은 것들인데 남북한은 그와는 다른 이념의 문제가 크다. 자본주의와 사회주의라는 정치체제와 이념이 본질적인 갈등을 일으키고 있다. 세계는 냉전 종식 이후 이념 갈등이 사라지고 민족과 인종, 종교 등의 문제로 치열한 싸움을 하는 반면 남북한은 아직도 20세기의 이념문제로 갈등하고 있다. 이 분단 갈등은 남한 안에서도 남남갈등의 형태로 존재한다. 탈냉전 이후 남북 교류가 확대되고 남북 관계의 환경이 달라짐으로써 냉전 시기에 적용되었던 국가보안법과 탈냉전 이후 새로 제정된 남북 교류 협력법 및 남북 관계발전법과 충돌을 빚으며 전환기적 분단 갈등을 일으키고 있다.

가장 심각한 요소는 남북 간 군사대립이다. 휴전선에 집결된 남북한의 180만 병력(남한 64만, 북한 119만)과 엄청난 규모의 화력, 북한의 미사일 · 핵무기 개발 등 군사적인 대립과 대결은 남북의 갈등을 그대로 드러낸다. 남한의 입장에서는 북한의 군사적 도발과 폭력적 행동이 한반도 갈등을 일으키는 원인이라고 하겠지만 북한의 입장에서 보면 남한과 미국의 군사력과 군사훈련이 실제적인 위협이며 직접적 폭력이라 여길 것이다. 이러한 남북한의 군사적 대결구조는 전쟁의 일촉즉발 위기로 치달았던 2015년 8월의 상황을 배태하고 있다. 미국은 북한의 핵실험 감행에 관한 보응 조치로 최첨단 무기들인 B-52와 F-22, 스텔스기와 핵항공모함을 북한의 코앞에 대면서 물리적 위협을 하였다. 미국 트럼프 행정부는 대북 '선제 타격'을 다시 거론하며 위험수위를 높이고 있다.

4. 동북아 정세와 중국의 부상

통일은 민족문제이자 국제문제이다. 한반도의 분단 자체가 미국, 소련, 일본, 중국의 4대 강국에 의해 획책되었으며 6·25전쟁도 국제전적 성격을 띠며 한반도 문제는 국제화되었다. 북한 핵문제는 유엔 안보리의 제재결의안으로 이어져 북한 문제 해결은 유엔과 국제사회의 개입을 필연적으로 불러온다. 탈냉전 이후 국제화, 세계화가 가속화됨으로써 동아시아에서도 개별 국가의 독립적인 존재로 움직이는 것이 아니라, 미국과 중국, 일본, 러시아 등 주변 4국과 더 긴밀한 교류와 협력의 네트워크 속에서 남북한이 발전하고 있다. 미국은 핵 문제와 북한 인권·탈북자 문제로, 중국은 고구려사와 경제협력 증대로, 일본은 수교협상과 식민지배상금 논의, 독도 문제로, 러시아는 경제협력으로 한반도 진출이 시도되었다.

이런 측면에서 근래에 주변 4국의 한반도 개입이 중대하고 그 결과 주변국 이해관계가 복잡해진 것은 그만큼 한반도의 통일문제가 국제화되어가고 있다는 증거다. 탈냉전 이래 중동과 중국 두 곳에 전력투구해 온 미국의 세계전략은 2011년 오바마 행정부의 아시아 재균형 전략으로 중국에 초점이 맞추어진다. 이 흐름은 트럼프 행정부 들어 더 강해지고 있고 대중국 압박을 위해 북한을 집중 공략할 태세다.

그러나 미국의 이러한 정책에도 불구하고 동북아 판세가 뒤집힐 것 같지 않다. 2009년 7월 이후 중국의 한반도 개입이 본격화되면서 한반도가 점점 중국의 영향권으로 빨려들고 있기 때문이다. 중국은 이미 북한이 2차 핵실험을 단행한 직후 2009년 8월부터 북한에 관한 적극적 관여정책을 추진하고 있다. 중국은 탈냉전 이후 자국의 경제 발전을 위해 한반도에서 군사충돌이 발생하는 것을 극도로 우려하며 북한 문제를 다루는 데 있어서도 미국에 매우 협조적인 태도를 보여 왔다. 그러나 2009년 7월 이후 한반도 문제에 적극 개입하면서부터 달라졌다.

이러한 개입은 2009년 5월 북한의 2차 핵실험 이후 내린 결단으로, 김정일 건강 문제로 인한 북한의 불안정과 2008년 12월 세계적 금융위기로 인해 미국의 입장을 수동적으로 따를 수만 없다고 판단한 듯 보인다. 3차 핵실험 이후 중국이 북한의 전략적 가치를 재고하고 한반도 통일을 심각하게 고민하고 있다는 평가도 있지만, 다수의 의견은 아닌 것 같다. 대신 북한에 관한 경제적 지원과 군사적 협력을 통해 북한을 안정시킴으로써 핵을 포기하도록 하겠다는 중국식 해법을 견지하고 있다. 중국의 이러한 관여정책 때문에 북한의 붕괴 가능성은 높지 않고, 붕괴한다 해도 그것이 통일로 이어질 가능성은 거의 없는 상황이다. 미국과의 동맹체제로 유지되는 남한은 중국의 개입이 본격화되기 전에 대미협력을 바탕으로 북한을 적극 끌어들이는 통일 환경을 만들어 가야 하지만 그 가능성은 점점 줄어들고 있다.

한반도의 통일은 지역연합과의 관계를 고려하지 않을 수 없다. 현실적 측면에서도 남북 간 교류와 협력보다 한중 간, 한미 간, 한일 간 교류와 협력이 훨씬 확대되어 있어서 이러한 동북아 협력 체계 안에서 남북한의 통합과 통일문제를 긴밀하게 논의해야 하는 상황이 전개되고 있다. 특히 중국의 국력 신장과 적극적인 한반도 개입으로 동북아 정세가 변화하고 있어서 한반도 통일은 단순히 남북한의 타협으로만 이루어질 수 있는 것이 아니며 동북아의 복합적 네트워크 속에 북한을 편입시키는 방식으로 진행될 가능성이 커졌다. 이런 점에서 한반도 통일 논의를 지역통합과 연계하는 방향으로 사고의 폭을 넓히고 대안을 구상할 필요가 있다.

5. 한류와 문화통일

개성공단이 닫혀 있고 북핵 문제로 남북이 대립하는 상황에서도 문화적 통일 가능성은 커지고 있다. 분단의 객관적 현실과 환경이 통일의 가능성을 어둡게 만들고 있지만 남북 관계의 역사를 돌아볼 때 관계개선의 극적인 반전이 형성될 가능성은 있다. 우리 사회에서 통일에 관한 관심을 고조시키고 통일 논의의 활성화를 이끌어 낸 계기는 흥미롭게도 1988년 서울올림픽이었다. 주지하다시피 1980년 모스크바 올림픽 경기는 바로 전년도에 소련의 아프가니스탄 침공을 비난하며 자본주의국가들이 보이콧을 함으로써 공산 진영의 참가국들만으로 치러지는 수난을 겪었다. 1984년 LA올림픽에는 이에 관한 보복으로 공산주의 국가들이 불참함으로써 반쪽짜리 올림픽으로 전락하는 수모를 겪었다. 올림픽을 통해 선진국 도약을 꿈꾸던 남한은 공산주의 국가와 외교관계가 맺어져 있지 않았고 미국의 속국이라는 비판도 받고 있던 터라 정치적 난관에 봉착하였다.

이러한 상황에서 1988년 막 출범한 노태우 정부는 공산권에 문호를 개방하는 '7.7선언'을 발표했다. 88 서울올림픽을 성공적으로 치르기 위한 결단이었다. 이런 맥락에서 보면 한국 사회에서 통일 환경을 전격적으로 변화시킨 요인은 흥미롭게도 문화스포츠 이벤트였다. 전 국민적 관심사였던 올림픽의 성공적 개최는 정권의 지지기반을 확고히 할 것이 분명했기 때문이다. 물론 당시 군부독재에 관한 국민의 거센 비판이 일고 있었으므로 지지기반이 취약한 노태우 정부가 시민사회의 민주화 요구를 수용한 측면이 있지만 공산주의에 관한 개방과 통일 논의를 허용한 것은 전격적인 결정이었다. 결과적으로 국민의 문화적 관심과 요구가 한국의 냉전적 통일 담론의 지형에 일대 변혁을 일으켰다고 해도 과언이 아니다.

서울올림픽 이후 남한은 약속대로 북방정책을 실천하기 위해 1989년 2월 헝가리와의 수교를 시작으로 동유럽 국가와 관계정상화 및 구소련(1990), 중국(1992)과 수교, 남한과 북한의 유엔가입(1991.9), 남북 기본합의서 체결(1991.12) 등 일련의 정치외교적 조치를 하였다. 이러한 변화의 흐름 속에서 북한과의 관계개선을 위해 '남북 교류 협력법'을 제정(1989.9 지침, 1990.6 법제정)하였다.

문화의 힘은 한류에서 나타난다. 남한의 경제력을 바탕으로 급속히 발전한 한국문화는 오래전에 이미 미국과 중국 동포사회를 '흡수'했으며, 러시아 고려인 사회와 일본에도 한류가 깊숙이 스며들고 있다. 조선족과 고려인, 재일동포와 재미동포는 이제 남한의 문화와 가치를 대부분 이해하고 받아들이는 추세이다. 세계의 모든 한인의 민족의식은 현대적인 남한의 문화로 동질화되어 가고 있다고 볼 수 있다. 『북한 주민 통일의식 2016』에 따르면, 북한에서도 주민들의 57%가 남한의 드라마와 음악, 영화 등 한류를 자주 접하는 것으로 조사된다. 이제는 한반도와 한민족의 문화적 통일에 관한 인식을 새롭게 해 나가야 할 때다.

앞으로 통일의 미래는 스포츠와 음악, 예술, 관광 등 문화 교류를 통해 열리지 않을까 생각된다. 핸드폰 사용자가 300만 명을 넘고 각종 미디어 기기를 통해 북한도 한국문화에 노출되고 있다. 중국 연변이나 러시아 연해주에 나와 있는 북한 노동자들은 이미 한국문화를 충분히 접하고 있다. 특히 탈북자들을 통해 북한 내부에 전달되는 중국 소식과 남한 사회의 상황들은 북한 사회에 직접적인 영향을 미친다. 그래서 탈북자들이 성공적으로 남한 사회에 정착하는 것은 실질적으로 북한을 변화시키는 일이기도 하다. 이러한 새로운 문화적 변화의 흐름을 정확히 읽고 파악하는 것이 북한 사회의 미래를 예측하는 가장 중요한 요소라고 생각된다. 마음을 울리는 음악과 영화, 드라마, 스포츠와 같은 문화 콘텐츠가 북한 사람들의 한국에 관한 호감을 얻는 중요한 기제로 작동한다. 독일 통일에서 보았듯이 통일의 핵심은 북한 주민들의 마음을 얻는 일이다. 그런 점에서 한류는 북한 사람들의 마음을 흔들며 이미 문화통일을 이루어 가고 있다.

제4장

통일은 어떻게 오는가?

1. 과정으로서의 통일

통일은 '갑자기 온다'거나 '도둑처럼 온다'는 말이 우리 사회에 실감 나게 회자한다. 독일 통일을 지켜보면서 이러한 분위기는 더욱 고조되었다. 불과 2주 후에 다가올 통일을 예측하지 못하고 통일은 영원히 불가능할 것이라고 얘기했던 빌리 브란트 총리의 예를 자주 거론하며 한반도에서도 통일이 도둑처럼 다가올 수 있다는 얘기를 한다. 통일을 미리 준비하자는 뜻으로 그런 말을 하는 데에는 동감하나 통일이 마치 아무것도 하지 않아도 불현듯 주어지는 '로또'처럼 기대하도록 만드는 데는 동의하지 않는다. 통일은 저절로 오는 것이 아니며, 오랜 과정을 거쳐 많은 수고와 노력으로 이루어진다.

통일은 종종 하나의 사건으로 극화되지만 크게 보면 일련의 과정으로 진행된다. 통일은 남북한의 서로 다른 두 체제가 하나로 결합하는 정치적 사건으로, 정치 · 경제 · 군사 · 외교 · 사회문화 다양한 영역에서의 통합과정으로 진행된다. 근래의 역사적 경험은 통일방식이 합의로 이루어진 경우는 없고 실제로는 무력통일(베트남), 흡수통일(독일), 합의통일 후 무력통일(예멘)로 이루어졌으며, 중국-홍콩은 일국 양제 형태를 유지하고 있다. 사회주의 국가들은 체제전환 과정에서 대부분 분열(해체)되었으며 독일의 경우만 통합·통일로 진행되었다.

일반적으로 통합(integration)은 국가 간의 통합과 한 국가 내의 정치, 경제, 사회, 문화 등의 차원에서 상이한 행위자, 예를 들어 계층, 지역, 종교, 연령, 이념 등에 기반을 둔 집단들 간의 통합으로 나누어 볼 수 있다. 유럽지역과 같이 다른 국민국가 간의 통합이 있는가 하면, 지역감정, 계층감정, 세대 차, 이념 차 등에 의하여 이질적으로 분열된 남한 사회를 하나의 통합된 행위자로 묶어내는 과정이자 결과물로서 통합이 있다. 남북한 통합은 국가 간 통합과 국가 간 통합 이후에 생겨나는 국가 내의 통합이라는 이중적이며 복합적인 성격을 지닌다.

오늘날 현실적으로 통합은 국가 간 혹은 지역 간 경계가 가져다주는 제약이 줄어들어 인적, 물적 이동을 막는 경계가 사라진 상태를 의미한다. 좁게는 정치적, 경제적, 사회문화적 교류와 협력의 증진으로 정의할 수 있고, 넓게는 공존, 공영, 공변(共變)의

가치를 공유하는 과정으로서 궁극적으로 현상과 제도를 넘어 의식 또는 정체성의 통합을 의미한다. 통일은 통합을 내포하나 통합은 통일을 반드시 전제하는 것은 아니다. 통일이 당위적이고 이데올로기적이며 결과의 개념으로 접근되는 경향이 있는 데 반해, 통합은 도구적이고 실천적이며 과정의 맥락에서 접근할 수 있는 개념이다.

통합과 통일의 관계는 서로 간의 선후 차 문제가 아니라 서로 긴밀하게 변증법적으로 연계되어 있다. 통합과 통일을 구분하는 이유는 흔히 통일이 정치적이고 영토적인 결과를 의미하는 경우가 강한데, 남북한 관계에서 사회통일, 경제통일, 문화통일, 군사통일이라는 개념을 사용하는 것이 어색하듯이 이러한 영역에서는 통합이라는 개념을 사용하는 것이 적절하다고 보기 때문이다. 또 남북통일이라는 개념은 한반도 단위에서 남한과 북한과의 통일만을 의미하는 것으로 한정되는 반면, 남북통합이라는 개념은 한반도뿐만 아니라 동아시아의 지역통합과도 더 잘 연계될 수 있는 개념이기 때문이다.

통합의 개념과 범주를 어떻게 설정할 것인가 하는 문제는 통합의 다차원성과 복합성을 어떻게 반영할 것인가 하는 문제와 관련된다. 통합의 개념을 체제통합과 사회통합의 차원으로 나누어 볼 수도 있다. 체제통합은 법적, 제도적인 것을 우선하며『남북통합지수』(서울대학교 통일평화연구원)처럼 대개 객관적인 지표로 나타낼 수 있다. 그러나 사회통합의 경우는 복잡하고 다원적이고 장기적인 과정이 필요하며 이를 위해서는 의식, 가치관, 태도, 문화 등의 변화가 필요하다. 이런 측면에서 통합은 공동체적 관계가 형성된 상태로서 구성원들이 일체감과 자기의식에 의하여 결속된 상태라고 말할 수 있다.

물론 통합이 실제로 진행되는 과정은 그리 이상적이지 않을 가능성이 대단히 크다. 독일 통일에서 보았고 또 보고 있듯이 통합은 실패한 동독이 승리한 서독 쪽으로 '흡수'되는 방식으로 진행되며 그 경우에는 승자(서독) 쪽으로 동화되는 것을 의미한다. 이는 동독인들의 변화를 전제로 한다. 즉 동독인들은 가치관, 의식, 태도 등의 모든 면에서 서독인의 것들로 변화해야 한다. 동독인들이 운용해 온 모든 체제, 조직, 법, 규범 등의 포기와 서독인의 것들에 의한 구속을 의미한다. 이러한 현실을 비판하고 보다 공존 지향적 통합을 추구해야 하겠지만, 현실 속에서 진행되는 이러한 통합의 과정을 간과할 수는 없을 것이다. 남북한 통합과정에서도 이러한 문제를 어떻게 다루어 나갈 것인가 하는 것이 중요한 과제로 대두한다.

2. 체제결합의 두 방식: 연합제와 연방제

방법론적으로 보면 통일은 "서로 다른 두 체제가 하나로 결합되는 과정"이라고 간단히 정의할 수 있다. 통일을 프로세스 즉 과정으로 볼 때, 국제적으로 두 개 이상의 정치체제를 결합하는 방식은 크게 두 가지다. 하나가 연합제이고 다른 하나는 연방제이다. 연합제란 참여 당사국이 국가의 독립성과 자율성을 그대로 유지하면서 서로 협력하는 협의체 기구를 말한다. 국제적으로는 독립국가연합(CIS), 유럽연합(EU), 아세안(ASEAN)과 같은 기구들이 연합제 방식으로 협의체를 구성·운영하는 대표적인 예이다. 연합제 기구에 속한 회원국들은 외교와 군사권 등 중요한 국가부문에서 각국의 독립성을 보유한다. 독립국가들 간에 수뇌회의나 실무조직을 편성하여 형식적인 연합기구를 구성하는 것이다.

반면, 연방제란 중앙의 연방기구가 적어도 외교권과 군사권을 통합적으로 행사하는 결합형태를 말한다. 구 소련과 현재 미국이 연방제 형태의 대표적인 국가이다. 연합제에서 중앙기구는 단지 형식적인 수단에 불과하지만 연방제하에서는 중앙에서 국가의 중요한 여러 부문을 통제한다. 중앙의 통제수준이 어느 정도에 이르러야 연방제로 규정하느냐 하는 문제는 학자마다 다르나, 연방제가 되기 위해서는 최소한 외교권과 군사권을 중앙정부가 통제해야 한다는 데는 이견이 없다. 영어로 연방제는 Federation, 연합제는 Commonwealth로 표기한다.

이러한 두 방식 가운데 남한은 연합제 통일을, 북한은 연방제 통일을 선호한다. 남한이 1989년에 제시한 '민족공동체 통일 방안'은 연합제 방식에 근거하고 있고, 1980년 북한이 제의한 '고려민주연방공화국 창립 방안'은 연방제 방식을 기초로 한다. 북한의 연방제 통일 방안은 이후 1991년 1월 김일성 신년사와 2000년 6월 6·15 공동선언에서 각각 '느슨한 형태의 연방제' 및 '낮은 단계 연방제'로 수정·제안되었다. 그 결과 2000년 6·15 공동선언 제2항에서 "남과 북은 나라의 통일을 위한 남측의 연합제와 북측의 낮은 단계의 연방제 안이 서로 공통성이 있다고 인정하고 앞으로 이 방향에서 통일을 지향시켜 나가기로 하였다."고 합의하기에 이른 것이다.

남한의 연합제 통일 방안은 「1민족, 2체제, 2정부」를 유지하는 가운데 외교, 국방, 경제권을 남북한 정부가 각기 보유하면서 '남북연합'이라는 기구를 통해 쌍방의 현안을 해결하려는 것이다. '남북연합'의 중앙기구는 정상회의, 각료회의, 실무회의, 남북의

회 등 4부문으로 구성된다. 남북한 정부는 남북연합의 출범을 공식적으로 선언하게 되며 상징적인 통일을 이루게 된다. 남북연합단계에서 제도적 기구의 구성과 동시에 경제·사회공동체를 실현하고 민족 공동생활권을 구축함으로써 통일을 준비한다. 이 준비과정을 거쳐 최종적으로 체제와 정부가 단일한 통일국가로 진입한다.

북한의 연방제는 남북한이 "하나의 민족, 하나의 국가, 두 개의 제도, 두 개의 정부"를 구성하는 것이다. 즉 1민족, 1국가, 2체제, 2정부 통일 방안이다. 연방제에 의한 통일 방안은 남북한 당국·정당 및 사회단체 대표를 중심으로 「민족통일정치협상회의」 개최 → 통일 방안 협의·결정 → 고려민주연방공화국 선포 등의 순서로 추진한다. 연방제 통일국가는 중립국이어야 하며 최고민족회의가 연방정부를 대신한다. 북한은 이러한 연방제를 Confederation으로 표기한다. 2000년 6·15 공동선언에서 제의한 낮은 단계 연방제는 외교권과 군사권을 남북 지방정부에 일임하도록 하여 남한의 연합제와 실질적으로 크게 다르지 않게 되었다.

<표6> 연합제와 연방제 비교

구분	연합제	연방제
영문표기	Commonwealth	Federation
대표사례	독립국가연합(CIS), 유럽연합(EU), 아세안(ASEAN)	미국, 독일, 캐나다, 호주 등
중앙기구성격	상징적	외교권·군사권 통제
남북한입장	남한의 통일방안	북한의 통일방안
통일방안명	민족공동체통일방안	고려민주연방공화국창립방안
영문명	Korean National Community Unification formula	Democratic Confederal Republic of Koryo
통일과정	화해협력→남북연합→통일국가	연방국가
영문표기	The Korean Commonwealth	Confederation
국가형태	1민족-1,5국가-2체제-2정부 → 1민족-1국가-1체제-1정부	1민족-1국가-2체제-2정부
수정안	기존방안 유지	낮은 단계 연방제(1991.1, 2000.6)

　　남북의 입장이 상당히 수렴하였으나 통일에 관한 입장 차는 여전하다. 남한은 궁극적으로 자유민주주의와 시장경제를 골간으로 한 중앙집권적 단일민주공화국 수립을 목표로 하는 반면, 북한은 두 개의 체제가 공존하는 연방제 형태를 목표로 하고 있다. 북한은 연방제와 같은 불완전한 통일이야말로 남북한의 현 사회체제와 이념을 그대로 살릴 수 있어서 가장 현실적이고 합리적인 통일 방안이라고 주장한다. 북한은 통일국가를 이룩하는 과정에서 중립국을 주장하는 반면, 남한은 그 과정에서 스스로 결정할 문제라고 주장한다. 남한은 통일 이전에 남북협력과 교

류가 선행되어야 한다는 점진적이고 단계적인 입장을 취하는 반면, 북한은 미군 철수와 군사력 감축 및 정치적 협상이 선행되어야 한다고 주장한다.

3. 통일청사진과 로드맵

일반적으로 국가 간의 결합은 연합제로 출발하여 연방제로 발전하는 것은 자연스러운 현상이다. 이러한 과정은 유럽연합(EU)의 예에서 명확하게 들여다볼 수 있다. 유럽연합은 현재까지 화폐통합이나 문화 교류 등을 추진하였으나 앞으로 정치 통합을 중요한 이슈로 남겨두고 있다. 정치 통합에 앞서 외교정책과 군사문제가 논의되어야 한다. 이런 점에서 유럽연합은 연합제에서 연방제로 발전할 수 있느냐 없느냐를 가늠하는 좋은 예가 될 것이다. 연합제가 연방제로 발전하기 위해서는 외교와 군사문제, 즉 안보문제가 개입되어 있어서 당사국의 의지뿐만 아니라 주변국의 지원과 협력이 절대적으로 필요하다. 남북한의 경우에는 미국, 중국, 일본, 러시아 등 주변 4국의 지원과 도움이 없이는 연방제 통일국가로 발전하기 힘들다.

이러한 논의를 종합하면 통일은 남북연합 → 남북연방 → 정치 통합의 3단계로 진행되어 갈 것으로 예측해볼 수 있다. 남북연방은 앞서 언급했듯이 외교권과 군사권을 연방정부가 중앙집권적으로 통제하는 체제를 가리킨다. 남북한의 통일된 상태란 적어도 외국에서 보기에 해외공관이 하나로 통합되어 일관성 있는 외교정책을 추진해야 할 것이며, 남북 간에 전쟁이나 군사적 충돌을 방지하기 위해 군권을 중앙에서 통제하는 체제가 되어야 할 것이다. 연방제로 들어가기 위해서는 남북한이 공동으로 군사력을 통제해야 하는데 현재로써는 거의 불가능하다. 만약 남북한의 군대가 단일지휘권 아래 통솔되어 안정된 상태를 유지할 수만 있다면 다른 분야에서 교류와 협력은 가속될 것이 분명하다. 남북 분단과 갈등의 원천이 되는 군사적 대결을 종식하는 일은 쉽지 않다.

따라서 북한이 제의한 대로 '낮은 단계'의 연방제로 시작한다면, 남한이 제의하는 '연합정부' 구성이 가능할 것이다. 앞서 언급한 대로 정상회의, 각료회의, 실무회의, 남북의회 등 4부문으로 구성하되 6개월 혹은 1년마다 정상회의가 진행되고, 장관급 회담이 1개월마다 추진되며 그사이에 실무회담으로 이어가면서 이를 남북의회가 법적으로 뒷받침하게 되면 남북연합의 조건이 갖추어진다. 이 시기에 이르면 남북한 정부는 남북연합의 출범을 공식적으로 선언하게 되며 상징적인 통일을 이루게 되는 것이다. 이러한 상징적 통일이 언제 이루어질지 모르나, 남북지도자의 정치적 결단이 큰 역할을 하게 될 것이다.

남북연합정부는 위에서 언급한 네 분야의 교류 협력을 활발하게 진행함과 동시에 평화체제를 구축하기 위한 작업을 진행해야한다. 평화체제는 남북 평화선언→남북미 종전선언→평화협정 등 과정을 밟게 되고, 북미관계 정상화도 북핵동결과 수교협상 개시→연락사무소 설치와 국제금융기관 융자허용→경제제재 완전 해제와 수교 등 단계로 진행된다. 남북한이 평화선언을 하려면 최소한의 안보협력이 선행되어야 한다. 즉 남북한 간에 비무장지대 처리방안, 군사적 적대행위 중지, 정전체제의 관리방안 등 초기 단계의 조치들이 보여야 한다.

이러한 협력을 바탕으로 남북연방체제로 진입한다. 연방체제로 들어가기 위해서는 사실 군사정보교환, 주요 군사활동 공개, 기습공격이나 우발적 무력충돌 방지 등의 합의를 바탕으로, 군사적 신뢰구축 조치, 군축 및 검증 등 군비통제를 해야 한다. 이러한 협력을 토대로 남북연방정부는 외교·국방 정책을 통합적으로 운영한다. 특히 남북연방에서는 통일 한반도의 적정병력

수준을 살펴 가장 효율적인 군축을 단행한다. 통일국가의 적정 병력으로 제시되는 40만 규모를 유지하는 방안과 함께 북한이 제안한 30만→20만→10만의 병력 감축 방안도 심도 있게 논의할 수 있을 것이다. 화력은 대량 살상 무기부터 단계적으로 감축하고, 검증의 대상을 선정한 후 검증수준을 단계적으로 높여간다. 이념적으로나 감정적으로 첨예한 갈등을 표출하게 될 외교와 국방부문을 통합하는 데는 많은 시간이 소요될 것이다. 이러한 사안을 논의하는 데 적어도 10에서 15년은 지나지 않을까 생각된다.

통일 프로세스에서 마지막으로 남는 것이 정치 통합의 문제이다. 정치 통합을 위해서는 남북연합 단계에서 구축된 민족공동의 생활권을 바탕으로 남북한 두 체제의 기구와 제도를 완전히 통합하여 정치공동체를 실현하는 것으로써 「1민족 1국가」의 단일국가 통일을 완성하는 단계이다. 이러한 통일의 완성은 통일헌법이 제정·발효되는 때가 기점이 될 것이다. 남북평의회를 통해 통일헌법안을 마련하여 이를 남북한 주민 전체의 국민투표 또는 기타의 방법에 따라 확정하게 될 것이다. 그러고 나서 통일헌법에 따라 남북총선거를 실시함으로써 통일국회와 통일정부를 수립하고 통일국가를 선포하게 된다. 따라서 정치 통합단계는 통일헌법에 따른 총선을 통해 통일정부를 결성함으로써 선진 민주국가를 건설하고 평화통일을 완성하는 단계, 곧「통일헌법」의 이행·실천단계라고 할 수 있다.

정치 통합이 이루어지면 꿈에도 그리던 통일, 그토록 소원하던 통일이 실현된다. 이런 통일은 앞으로 적어도 30년 후에나 가능할 것이다. 그러나 이와 같은 정치 통합을 통해 통일국가를 건설한다고 하더라도 남북국민 사이에 가로놓여 있는 감정적인 문제는 여전히 남게 된다. 이 시기에 남북 간의 빈부 격차가 심화되고 정치갈등은 고조된다. 문화적인 이해를 제고하지 못하면 남북한은 심각한 심리적 분열 상태로 빠져들게 될 것이다. 이러한 문제들은 바로 민족공동체 형성의 과제로 남는다.

사회 전반적으로 통일이 이루어진 상태에서 통일국가의 정권을 장악하기 위해 각 정파 간에 치열한 다툼이 벌어질 것으로 예상된다. 현재 상황에서 추론해 본다면 남한의 더불어민주당, 국민의당, 바른정당, 자유한국당, 정의당 등 수 개의 정당과 북한의 노동당, 천도교청우당, 사민당의 여러 정당이 정권획득을 위해 전국을 대상으로 경쟁적인 정치활동을 벌이는 상황이 된다. 동유럽의 경험을 참고해 볼 때 북한의 노동당은 '민족주의'를 표방하는 간판을 달고 재등장할 가능성이 크다. 현재의 정치지형으로 보면 통일단계에서 정치지도력이 사회주의 쪽으로 가게 될 공산도 없지 않다. 따라서 정치 통합의 단계로 들어서는 시점이야말로 통일을 완수하기 위한 양적·질적 통일과제가 집중되는 대단히 중요한 시기가 될 것이다.

4. 다층적 민족공동체와 연성복합통일

한국의 현실에서 통일의 미래를 가장 집약적으로 보여 주는 그림이 우리 정부의 민족공동체 통일 방안이다. 1989년 노태우 정부는 '한민족공동체 통일 방안'을 제시했고, 1993년 2월 출범한 김영삼 정부는 '민족공동체 통일 방안'으로 이를 수정하였다. 김대중·노무현 정부는 물론 이명박·박근혜 정부에 이르기까지 민족공동체 통일 방안이 남한 통일정책의 근간으로 자리 잡고 있다. 민족공동체 통일 방안은 남북 간 교류와 접촉을 통해 민족 공동체 의식을 고양해 나감으로써 통일을 실현한다는 것을 목표로 한다. 또한 '자주·평화·민주'를 통일원칙으로 하고 화해협력→남북연합→통일국가로 이행하는 3단계 점진적 이행론에 근거하고 있으며, 지난 30여 년 동안 가장 공감할 수 있고 실현 가능한 통일 프로세스로 받아들여져 왔다.

하지만 지난 30여 년의 경험은 교류 협력의 증대 그 자체가 자연스럽게 통일 방안의 단계적 이행을 보장하지 않는다는 점을 분명하게 보여 주었다. 사회경제적 교류의 진전이 정치·군사적 '화해협력'에로 이행하기가 쉽지 않을 뿐 아니라 과연 그 자연스런 이행을 기대하는 것이 이론적으로나 정책적으로 타당한가에 관한 회의도 커졌다. 특히 북핵 문제 해결과 북한의 변화를 추동할 필요가 증대된 상황에서 기능주의적 상정은 한계가 많은 것으로 보인다. 북한의 핵 개발이 자신의 '체제위기'에 관한 대응이라는 점에서 보면 분단이라는 구조적 속성이 주요한 배경적 요소로 작용하는 점도 분명하다.

3단계 프로세스로 진행되는 통일은 만남 횟수를 늘리고 반복한다고 하여 저절로 화해협력이 이루어지는 것이 아니다. 위임기구를 만들고 공동기구를 만드는 제도화의 노력이 병행되어야 프로세스의 진전이 가능하다. 화해협력을 통해 통일의 '중간 단계'인 남북연합의 제도를 형성하려면 단순한 화해와 협력이 아니라 더 정교한 기획력을 바탕으로 대북정책을 추진하고 남북협력 제도를 만들기 위해 노력해야 한다. 기능주의적 파급효과를 견인하기 위한 정치협상과 지도자의 결단에 관한 기대도 생겨났다. 핵 문제와 평화체제를 어느 시점에서 추진할 것인가, 정치적 화해를 위해 남북한 협력기구의 존재와 역할 문제 등을 다룰 수 있는 구체적인 방안을 준비해야 한다.

　이러한 한계를 고려할 때, 북한에 대해서나 남한 내부적으로도 '통일 지향'에 관한 신뢰를 형성하기 위해, 또한 다양한 급변 상황을 예측하고 진단하며, '사회심리적 통합'까지도 포괄해 대응해 나갈 수 있는 역량 구비를 위해서도, 기능주의와 신기능주의를 보완하는 이론적 체계 구축이 요구되고 있다. 이런 점에서 '민족공동체'의 개념을 다층화할 필요가 절실하다. 21세기 한국의 현실은 한민족이 여러 국가에 흩어져 사는 범민족(meta-nation)적 성격을 띠고 있으며, 한국 내 거주 외국인이 200만 명을 넘어서고, 국제결혼 비율이 급속히 늘어나 다민족·다문화 사회로 변화하는 민족융합체(union of nations)가 되어가고 있다. 세계 각국에 흩어져 있는 700만이 넘는 코리안 디아스포라는 21세기 대한민국에게 기회와 도전이 될 수 있을 것으로 기대되고 있다. 이러한 점을 고려할 때, 통일 방안이 '1민족' 지향을 넘어 전세계 한민족의 통일로 확대되어야 할 것과 배타적 민족주의가 아닌 다양한 문화와 정체성을 포괄하는 열린 민족공동체를 지향하는 개념으로 정립되어야 한다는 목소리가 퍼지고 있다.

이러한 현실에도 불구하고, 통일의 원천과 동력은 '민족'에 있음을 부인할 수 없다. 현재 남북한의 의식 조사를 보면, 통일의 당위성으로 민족 정서가 작동하는 부분이 50%가량 된다. 민족적 특성에 의한 통일의 당위성은 특히 국제사회에서 인정되는 부분이기도 하다. 이런 점에서 통일을 지향하는 민족공동체는 다층적인 공동체로 구상할 필요가 있다. 민족공동체 통일 방안을 발전시키려면 민족공동체를 다층적으로 해석하여, 정치적 헌법공동체, 경제공동체, 생활공동체를 포함하는 네트워크로 보아야 한다.

헌법공동체로서의 정치적 공동체는 남북한 국적 소유자로 구성될 것이다. 2009년 2월 5일 대한민국 국적을 가진 재외국민의 참정권 법안이 통과되어 재외동포들의 참여가 확대되었고, 2011년부터 이중 국적이 허용되어 재외동포들의 참정권이 확대되었다. 이런 점에서 헌법공동체는 남북한과 이중 국적을 가진 해외 거주민은 당연히 포괄하겠지만, 해외 거주국 국적을 가진 디아스포라 한인은 민족공동체의 정치공동체에서는 제외되는 것으로 이해해야 할 것이다. 그러나 경제공동체와 생활공동체 등의 비정치적 영역에서는 디아스포라 한인들이 적극적으로 참여하는 과정이 되어야 할 것이다. 헌법공동체는 남북한 국적 구성원으로 제한되는 반면, 생활공동체, 경제공동체는 디아스포라 한인과 주변국 구성원까지 포함한다. 이런 면에서 다층적으로 구성되는 민족공동체는 정치구조·체제이념을 넘어 사회심리적 부문을 비롯한 인구 이동문제, 인력 활용 방안, 직업, 가족·여성, 교육 문제 등 구체적인 생활세계로까지 확장하여 대비할 수 있는 통일·대북정책 체계를 확립할 필요가 있다.

다층적 민족공동체는 네트워크 형태로 진행하므로 통일을 각 공동체별로 진행속도가 다른 과정으로 이해할 수 있다. 통일이 과정이며 복합적 네트워크로 진행된다는 사실은 통일이 몇 가지 단계를 거쳐 이루어진다는 것과 여러 작은 통일이 있고 그것이 모이면 큰 통일로 이어진다는 개념으로도 설명된다. 정치, 경제, 사회문화의 각 영역에서 부문별 작은 통일이 진행되며 그 범위와 속도는 각기 다를 수 있다는 접근이 필요하다. 서울대 통일평화연구원이 제안한 '연성복합통일론'이 그러한 개념을 잘 드러내고 있다.

5. 통일 3.0

지난 30여 년간 한국 사회에서 통일 논의가 어떻게 이루어져 왔는가를 보면 통일이 어떻게 올 것인지, 통일을 위해 무엇을 준비해야 할 것인지를 짐작할 수 있다. 탈냉전 이후 통일 방안을 마련한 노태우 · 김영삼 정부는 소통과 교류를 촉진함으로써 통일이 올 것이라는 단순한 기대를 하였다. 남북 교류 협력법의 시행으로 북한과의 인적, 물적 교류가 늘어났고 금강산 관광과 개성공단, 두 번의 정상회담과 21차례의 장관회담, 17차례의 이산가족 상봉, 해외에서의 학술 · 종교 교류 등 관계의 네트워크가 확대되었다. 남북의 교류가 전혀 없었던 시기에는 만남과 왕래, 교류 자체가 큰 의미를 띠었다. 남북 간 교류와 소통증진이 바로 통일이었다. '소통과 교류'를 화두로 통일 1.0이 형성되었다.

김대중 · 노무현 정부는 소통과 교류를 근간으로 한 통일 1.0을 기초로 정상회담과 교류 협력을 증대하며 1.5버전으로 통일 담론을 업그레이드하였다. 민족역사에 큰 획을 그은 첫 남북정상회담이었고 양적 측면에서도 인적, 물적 교류는 이전에 비해 놀랍게 성장하였다. 그러나 본질적으로 통일의 조건으로 남북의 소통과 교류 증진을 가장 중요하게 보았다는 점에서 2.0 버전으로 진전되지 못했다.

　이명박 정부에서는 통일의 조건으로 '북한 변화'를 내세웠다. 통일은 남북한의 제도가 어느 정도는 동질적으로 변화되어야 하는데 3대 권력세습과 모험적 핵실험 등 현재 북한의 모습으로는 통일이 어렵다는 판단에서였다. 남북 관계의 진전이 안 되는 현실적인 이유는 북한이 '체제위기'에 직면하여 남북 교류를 두려워하기 때문이다. 북한은 남북 교류를 자본주의 문화침투로 여기며 교류증대로 인해 북한체제가 붕괴할 것을 두려워하고 있다. 남북한의 인적 왕래나 물적 교류, 이산가족 상봉, 사회문화 교류 등 남북문제의 여러 영역에서 관계가 탄탄한 신뢰의 차원으로 발전하지 못하는 것은 북한의 사회주의 체제가 근본적으로 바뀌지 않고 있기 때문이다. 이런 점에서 북한 변화는 통일 담론을 2.0 버전으로 한 단계 높이는데 중요한 기준이 되었고 대북정책도 거기에 맞추어졌다. 박근혜 정부에서도 통일 담론은 2.0 버전의 범위를 벗어나지 않은 것으로 보인다.

　통일을 3.0 버전으로 업그레이드하기 위해서는 소통과 교류 협력을 골간으로 하는 1.0 버전과 북한 변화를 핵심 화두로 하는 2.0 버전을 넘어서는 새로운 통일의 패러다임을 제시해야 한다. 통일 담론을 3.0 버전으로 업그레이드하려면 '북한'에 초점이 맞

취져 있는 현재의 패러다임을 남북 간 통합능력을 창출하는 패러다임으로 전환해야 한다. 즉 북한의 변화를 추동할 수 있는 전략과 정책을 구사해야 하겠지만 동시에 통일의 새로운 동력이라 할 수 있는 통합제도와 그 역량을 제고하는 방향으로 초점과 목표가 옮겨져야 한다. 이런 측면에서 개성공단과 같은 장치는 남북 통합제도를 통일의 주요 추진동력으로 장착하는 3.0 버전의 통일 방안을 만드는데 중요한 시사점을 제공한다.

통일 담론을 건설적으로 발전시키려면 남북 간의 소통증대와 북한 변화 혹은 제도적 동질화를 바탕으로 더 나은 경제 사회적 통합자산을 만들어 낼 수 있는 한 단계 높은 차원으로 발전해야 한다. 남북한이 단순히 공존·소통하거나 혹은 북한의 변화에 만족하지 않고 지속적인 통합역량을 증진하고 경제 사회적 자산을 확대하는 방향으로 정책을 추진해야만 우리가 바라는 민족공동체 통일의 실현이 가능하게 될 것이다.

이런 점에서 북한의 제도와 문화는 무조건 변화하고 버려야 하는 것으로 간주할 것이 아니라, 통일의 자산으로 활용하는 적극적 통일구상과 정책추진이 필요하다. 남북대화와 회담에서도 북한을 변화시켜야 한다는 데에만 집착할 것이 아니라, 지속 가능한 신성장 동력을 창출하고 국가적 자산을 확대함으로써 '더 큰 대한민국'을 만들 수 있도록 지혜와 노력을 기울여야 할 것이다. 이런 점에서 3.0 버전의 통일을 위해서는 남북한의 통합역량을 증진하는 방향으로 통일 방안을 재구성해야 하며 이를 위한 한국정부의 기획력과 추진 능력을 강화해야 한다.

발전적 측면에서 보면, 정부통일 방안 3.0 버전은 기존의 통일 모델을 입체적, 복합적으로 확장하는 것이라 할 수 있다. 즉 기존의 통일 1.0 버전이 남북한의 공존과 교류만을 강조한 일차원적 통일 모델이었다면, 2.0 버전은 소통과 교류를 넘어서 제도적 동질화와 정치 · 경제 및 문화적 공유가치 확보를 목표로 한 2차원적 통일 모델이라 할 수 있다. 여기에서 한 걸음 더 나아가 3.0 버전은 남북한이 함께 노력하여 통합역량을 증진하는 방향으로 시너지 효과를 창출하는 3차원적 통일 모델 구성을 추구한다. 요컨대, 통일 3.0 버전은 입체적이며 복합적인 통일, 3차원의 통일 모델을 만드는 작업이라 할 수 있다.

6. 국가 정체성과 국호

통일 논의에서 가장 모호한 부분이 바로 국가 정체성과 관련된 내용이다. 남과 북이 통일을 하자고 목소리를 높이지만 사실 통일국가의 이념을 누구도 포기하려고 하지 않을 것이다. 남한은 자유민주주의 통일을, 북한은 사회주의 통일을 기대할 터인데, 이 정치적 이념을 드러내 놓고 논의하기가 부담스러운 상황이다. 세계적으로 사회주의가 퇴조하고 다원민주주의와 시장경제가 대세를 이루고 있어 통일시점에는 자유민주주의 체제로 수렴될 가능성을 내다보고 있으나, 남북합의로 통일을 준비하는 현시점에서 통일의 국가 정체성을 어떻게 정리해야 할지 고민이 된다.

분단 이후 남북한은 조선(조선민주주의인민공화국)과 한국(대한민국)으로 자기 국가 정체성을 강화해 왔다. 국제적으로는 국경을 초월한 경제, 문화 네트워크가 확대됨에 따라 국가 정체성이 점차 약화하는 반면, 한반도에서는 교류와 왕래가 단절되고 오랜 시간이 지남으로써 한국과 조선이라는 국가 정체성이 점점 강화되고 있다. 1991년 9월 유엔에 동시 가입함으로써 남북한의 국가성은 크게 강화되었다. 이런 상황에서 남북한의 국가 정체성을 공식화하여 강조하면 국제적으로 통일의 당위성을 인정받지 못할 위험이 있으나 남북 관계에서는 국가적 실체를 인정해야 하는 문제를 어떻게 극복할 것인가 하는 어려움이 있다.

이런 측면에서 민족공동체 통일 방안에서 '남북연합'은 사실상 '국가연합'을 염두에 둔 것이지만, 국가라는 점을 공개적으로 천명할 경우 유엔 등 국제사회에서 통일의 명분이 약해질 수 있다는 우려를 고려한 언어의 선택이었다. 남북 기본합의서에 "통일을 지향하는 과정에서 잠정적으로 형성된 특수관계"라는 표현을 명문화한 것도 이러한 배경에서 나온 것이다. 이 시점에서 민족공동체와 국가연합의 관계를 이론적으로 검토해 볼 필요가 있을 것이다. 남북연합의 국가적 성격을 어느 정도로 부각시킬 것인가, 국가 정체성을 어떻게 규정해야 할 것인가 하는 문제도 논의해야 한다.

지금까지는 국제사회에서 통일의 명분을 확보하기 위해 공식적인 국호를 사용하기보다는 남과 북이라는 비공식적 호칭을 사용하였다. 그러나 앞으로는 남북 내부적으로나 국제적으로 조선(조선민주주의인민공화국)과 한국(대한민국)이라는 국호를 공식적으로 사용할 필요가 있다. 공식 국호를 사용할 경우 국제적으로는 영어로 표기하므로 큰 문제가 없을 것이다. 왜냐하면 영어표현에는 Korea라는 공통분모가 있기 때문이다. 영어로는 DPRK(Democratic People's Republic of Korea)와 ROK(Republic of Korea)라는 국호를 사용하게 되면 Korea라는 공통된 국호를 공유하므로 코리아가 과거에 하나였음을 보여 주는 역사성을 충분히 보여줄 수 있다.

그러나 우리말을 사용할 때는 문제가 좀 더 복잡해진다. 국호에서 두 나라의 공통점을 찾기 어렵다는 점이다. 조선과 한국이라는 호칭은 동질성보다 이질성을 더 강하게 드러내 준다. 그럼에도 불구하고 남북 분단의 정치적 현실을 그대로 드러낼 수 있는 조선과 한국이라는 국호를 사용할 필요가 있다. 남북한 내부적으로는 어차피 서로 다른 나라라는 정치의식이 강하게 형성되어 있다. 따라서 한국과 조선이라는 공식적인 나라 이름을 사용함으로써 남북한의 정치 사회적 실체를 서로 더 잘 이해하고 체제를 존중할 수 있는 규범을 만들 수 있을 것이다.

국호의 문제는 통일국가의 국호를 어떻게 할 것이냐는 문제의식을 던져준다는 점에서도 중요하다. 한국의 통일 방안에는 통일국가의 국호를 명시하지 않고 있다. 통일국가의 이름은 중요할 수도 있고 중요하지 않을 수도 있다. 그러나 북한이 고려연방제라는 통일 방안을 제안하는 상황에서는 통일국가의 국호와 방식에 대해 더 명확하게 명시할 필요가 있다. 한국과 조선의 두 나라가 어느 한쪽이 양보하지 않으면 국호가 해결되지 않을 것이므로 합의에 따른 통일을 한다고 가정하면 통일국가의 국호를 새로 제안하는 것도 통일 방안에 포함해야 할 것이다. 통일협상 과정에서 북한이 국호를 한국으로 양보하지 않는다면 통일국가의 국호를 정하는 문제도 상당한 논란이 될 것이다. 이런 점에서 통일을 준비하기 위해서는 통일의 방식뿐만 아니라 국호의 문제도 사전에 고려해 두어야 할 것이다.

제5장

평화기획으로서의 통일

1. 평화아키텍처

사람들 사이에 해결하기 힘든 갈등과 분쟁이 존재하는 것은 관련 행위자들 간의 이해가 서로 상충하기 때문이다. 아직까지 통일이 되지 않은 이유도 남과 북 사이에 해결하기 힘든 갈등과 다툼이 존재하기 때문이다. 갈등과 분쟁을 해소하고 평화를 실현하려면 두 가지 방법이 가능하다. 하나는 갈등관계에 있는 상대를 없애 버리는 것이다. 북한을 없애 버리면 문제는 간단히 해결된다. 그런데 상대를 완전히 없앤다는 것은 불가능할 뿐 아니라, 없앤다고 해도 갈등은 여전히 남게 된다. 그렇다면 다른 한 가지 방법은 중재나 협상의 방법으로 상충하는 갈등을 해결해야 하며, 나아가 폭력적 갈등을 일으키는 더 근원적인 문제들을 찾아내고 개선하여 지속 가능한 평화를 만들어야 한다.

먼저, 갈등·분쟁을 해결하기 위해 문제를 일으키는 상대를 없애 버리는 방법을 생각해 보자. 위험대상을 완전히 없애기 위해 선택하는 방법이 군사적 공격이다. 군사적으로 '원점 타격'이나 '선제 타격'이라는 말이 나오는 이유가 그 때문이다. 남북갈등도 북한이라는 존재를 없애버리면 문제는 간단히 해결된다. 일각에서는 북한의 핵·미사일 시설 20곳에 대해 일시에 타격을 가하여 북한이 2차 대응공격을 하지 못하게 해야 한다고 주장한다. 남한이 그러한 정보와 역량을 갖고 있으므로 군사공격의 유용성에 대해 확신한다.

그러나 군사 전략상으로 북한의 2차 공격을 억제할 정도로 완벽하게 선제 타격에 성공할 수 있을지는 의문이다. 설령 성공한다고 해도 남한도 상당한 피해를 입을 것을 각오해야 한다. 돈 오버도퍼(Don Oberdorfer)의 『The Two Koreas』에 따르면, 1994년 6월 미국의 클린턴 행정부는 '외과 수술적 타격'으로 북한핵시설을 파괴하는데 상당한 희생이 따르는 것으로 평가했다. 개전 24시간 안에 군인 20만 명을 포함하여 150만 명의 사상자가 발생하고 개전 1주일 이내에 남북한 군인과 미군을 포함하여 100만 명의 군인이 사망할 것으로 예상했다.

사실 군사적 공격으로 문제가 완전히 해결되는 것은 아니다. 군사공격은 주민들의 민심이 정권을 완전히 떠났을 때 장기적으로 성공할 수 있는 수단이다. 주민의 63%가 주체사상에 대해 자

궁심을 갖고 있고 그중 30%는 강한 자부심을 지니고 있다. 군사적 공격 이후 주민통합이 쉽지 않으며, 그런 점에서 북한을 없애버리기 쉽지 않다는 말이다. 설령 북한이 붕괴한다고 하더라도 통일로 이어지기 어렵다. 현재 북한 주민들 중 80%는 중국을 가장 선호하는 국가로 꼽고 있고 남조선(한국)을 선호하는 사람은 16%에 불과하다.

이런 상황에서 북한 정권이 붕괴한다 해도 북한이 한국에 도움을 요청할 가능성은 없고 오히려 중국에 도움을 요청하며 친중 정권이 들어설 가능성이 크다. 북한 붕괴가 통일로 바로 이어지지 않는 이유다. 북한이 사라져도 다른 사회주의 정권이 들어설 가능성이 크며, 사회주의 제도가 사라진다고 해도, 그 안에 사는 사람들은 여전히 남는다. 즉 주체사상의 가치관과 미제와 남한에 관한 적대감을 가진 사람들은 없어지지 않는다. 북한을 없애버리겠다는 생각은 우리의 희망적 사고일 뿐이다.

우리가 다시 통일을 꿈꾼다면 그 통일은 평화의, 평화에 의한, 평화를 위한 통일이 되어야 한다. 평화는 여러 형태로 나타난다. 내면의 평화로 나타나는가 하면, 폭력과 위협으로부터 안전하게 보호되는 것으로 표현되기도 한다. 보다 적극적으로는 조화로운 관계를 말한다. 통일을 평화의 시각에서 접근한다는 말은 남북이 조화로운 관계를 유지하는 가운데 발전하고 번영하는 나라를 만들자는 의미일 것이다. 남북이 상대의 정치와 경제, 문화를 인정하고 공존·상생하는 하나의 공간을 만드는 과정이 통일이라면 통일은 바로 평화인 것이다.

평화는 마치 거대하고 웅장한 건축물과 같다. 단순한 건조기술을 구사하여 만든 건물(building)이나 건설(construction)이 아니라 사람들의 생활을 담기 위한 기술·구조와 기능을 수단으로 하여 이루어지는 공간예술로서의 건축, 즉 '아키텍처'(architecture)에 비유할 수 있다. 아키텍처는 건축이라는 말로 다 전달할 수 없는 높은 수준의 의미를 띤다. 즉 공간을 이루는 작가의 조형의지가 담긴 건축의 결과라 말할 수 있다. 건축물을 세우기 위해서는 정교한 설계도가 필요하고 복잡한 공정이 요구되며 편리함과 조형미를 동시에 고려해야 한다. 이런 의미에서 아키텍처는 쾌적하고도 안전한 생활의 영위를 위한 기술적인 전개와 함께 공간 자체가 예술적인 감흥을 가진 창조적 행위라는 의미를 지닌다.

아키텍처는 건축학의 영역을 넘어서 정보공학이나 네트워크 분석에서도 사용되는 개념이기도 하다. 네트워크 분석이나 정보기술 영역에서는 특히 각 부분 간의 논리적 상호관계와 전체적인 구조를 생각하고 정의하는 기능을 아키텍처라고 한다. 정보공학에서 아키텍처는 시스템의 상위수준 기능과 인터페이스를 설명하는 기술(art) 또는 과학(science), 즉 조화롭게 운영되도록 상호 연결된 다양한 기능을 제공하는 시스템 계열(A family of systems)을 위한 세부적으로 규정되지 않은 시스템 설계(non-specified system design)를 가리킨다. 전체적인 구조와 프로세스, 논리적 요소, 운영체계, 네트워크 및 다른 개념 간의 논리적 상호관계 등을 생각해내고 정의하는 기능이다.

이런 의미에서 평화아키텍처는 평화실현을 위한 가장 높은 수준의 상위 개념으로 거대하면서도 고도의 조형미를 담은 건축물이다. 평화의 설계도로부터 시작하여 전체적인 구조와 프로세스, 운영체계를 포함하며 높은 수준의 예술성까지 갖춘 아름다운 건축을 말한다. 이 평화아키텍처는 평화실현에 필요한 제도와 인프라, 가치와 심성을 종합적으로 구성하는 최고의 작품이다.

2. 평화 프로세스

평화아키텍처는 어떻게 구성되는가? 거대하지만 미적 감각을 지닌 평화의 건축물이 폭력적으로 대립하는 남북 분단의 현실에서 제대로 건축될 수 있을까? 약육강식과 적자생존의 냉엄한 현실세계에서 과연 평화의 집을 지을 수 있겠는가? 당장 힘으로 북한을 제압해야 하고 먼저 남한의 안전을 확보해야 하기 때문에 이러한 질문을 진지하게 고민하지 않을 수 없다. 모든 사안이 '안보화'되어 있는 한반도에서는 대부분 안보위주의 사고를 한다. 때문에 평화를 위해서는 힘이 필요하고 평화를 위해서는 안보가 가장 중요하다고 믿는다. 정글의 법칙이 지배하는 세상에서 고상한 평화아키텍처가 가능하겠느냐 하는 의문이 생긴다.

평화의 구상이 통일의 현장에 오면 당장 부닥치는 문제들이다. 이 지점에서 심각하게 고민하지 않으면 평화의 길로 나아갈 수 없다. 지구촌의 많은 평화학자는 이 문제를 오랫동안 고민해 왔다. 이러한 고민 끝에 나온 결론이 바로 '삼겹줄 평화'다. 평화학자 요한 갈퉁(Johan Galtung)은 이를 평화유지(peace-keeping), 평화조성(peace making), 평화구축(peace building)이라는 개념으로 정리하였다. 평화아키텍처를 건축하려면 세 차원의 평화가 필요하다는 이론이다.

갈퉁에 의하면 평화유지(peacekeeping)는 일차적으로 힘으로 평화를 지키는 활동이다. 서로 싸우고 있는 당사자들을 제3자가

서울대학교 통일평화연구원을 방문한 갈퉁(가운데). 오른쪽은 부인 후미코 니시무라.

개입하여 당사자들을 떼어 놓고 싸움을 말리는 행위를 말한다. 주로 군사적 개입을 통해 이루어진다. 중립적인 제3자가 군사력을 사용하여 휴전을 보장하고 모니터하는 조치를 의미한다. 파괴를 줄이는 데 초점을 맞추는 활동이다.

평화조성(peacemaking)은 갈등하는 당사자들 간에 폭력을 중지하고 서로 싸우지 않겠다는 약속을 하는 외교적 행위를 말한다. 중재와 협상을 통해 관련 당사자들이 상반된 목표를 이해하고 서로 화해시키는 활동을 한다. 협상을 시작하여 비폭력적 대화를 지속하고 독려하며 궁극적으로 평화협정을 체결하는 것을 목표로 한다.

평화구축(peace-building)은 사회 내에 존재하는 구조적 갈등을 보다 장기적이며 지속 가능한 평화로 전환하기 위해 사회경제적 재건과 발전을 통해 평화로운 사회변화를 추진하는 포괄적인 활동을 의미한다. 즉 폭력적 갈등을 일으키는 요인들을 진단하고 처방함으로써 평화로운 구조와 관계를 만들어 가는 과정을 말한다. 지속 가능한 평화를 만들기 위해서는 폭력의 원인을 규명하고 갈등의 평화적 해결에 관한 사회적 기대감을 조성하며 정치·경제적으로 사회를 안정화해야 한다. 평화구축은 폭력적 갈등이 어느 정도 해소된 이후에 발생하는 장기적 과정이며, 특히 평화유지와 평화조성이 이루어진 이후에 진행되는 평화과정 (peace process)의 단계를 지칭한다.

평화는 지키는 데서 출발한다. 자신을 지키고 공동체를 보호하는 데서 평화는 시작한다. 안보를 튼튼히 해야 한다는 논리는 여기에서 나온다. 유엔에서도 세계의 여러 분쟁지역에 '평화유지군'(Peace-keeping forces)을 파병하여 활동한다. 직접적인 폭력으로부터 피해를 줄이려면 군사적 개입을 통해 싸움을 중단시켜야 하기 때문이다. "평화를 원하거든 전쟁을 준비하라.", 힘이 있어야 평화를 지킬 수 있다는 말이 여기에서 나온다.

그러나 지키는 것만으로 평화는 오지 않는다. 지키려고만 하면 그 안의 삶은 오히려 피폐해진다. 우리는 팔레스타인과 대치하는 이스라엘, 그리고 세계 여러 분쟁지역에서, 지키는 평화가 얼마나 사람들을 불안하고 피폐하게 만드는가를 보게 된다. 학교나 직장, 삶의 어느 영역에서도 중무장한 군인들이 호위하지 않으면 살아갈 수 없는 것이 그 나라들의 현실이다. 끝없는 불안감 속에 살아가야 한다. 아무리 총칼로 자신을 지키려 해도 끝없는 불안과 두려움을 해소할 길이 없고, 진정한 평화는 누릴 수 없다.

진정한 평화를 실현하려면 평화를 지키는데 머무르지 않고 평화를 조성해 나가야 한다. 평화조성은 상대와의 관계를 회복하는 데서 비롯된다. 관계를 회복함으로써만 진짜 평화가 가능하기 때문이다. 평화를 한마디로 조화로운 관계로 표현하는 것도 이 때문이다. 관계가 평화의 핵심이다. 물론 그 관계 안에는 상호이익(mutual benefit)이라는 경제적 문제도 포함된다. 대개 좋은 관계를 조성하기 위해 관련 행위자들 간 협정을 체결하여 더 이상 싸우지 않겠다는 약속을 한다. 구체적으로 더 이상 침략이나 도발을 하지 않겠다는 평화협정을 체결한다.

그러나 평화협정으로 평화를 조성한다고 하여 평화가 저절로 오는 것은 아니다. 평화협정을 체결했다 하더라도 그 약속을 지키지 않으면 휴짓조각에 불과하다. 이런 점에서 평화는 만드는

데 그치지 않고 공고히 세워나가야 한다. 즉 평화구축이 필요하다. 단순한 외교적 약속이 아니라 삶의 여러 영역에서 서로 만나고 교류하고 협력함으로써 실질적인 도움을 주고받아야 한다. 개성공단과 같은 경제협력을 하고, 이산가족을 교류하고, 스포츠와 음악 예술 공연을 하면서, 함께 느끼고 공감해야 한다. 삶의 모든 영역에서 교류하고 협력하고, 실질적인 이익을 주고받아야 한다. 이러한 교류를 통해 서로의 관계를 더 돈독하게 구축해 나가는 것이다.

우리나라는 평화를 지키는 데는 어느 정도 성공했다고 볼 수 있지만, 평화를 만들어 가지는 못하고 있다. 평화를 만든다는 것, 평화조성은 구체적으로 조약이나 협정을 맺어 서로 싸우지 않기로 약속하는 것인데, 아직 그 단계에 이르지 못했다. 서로의 목표가 다르지만, 관계를 개선하기 위해 서로 대화하고 화해하는 노력을 기울이는 단계로 나가야 한다. 안보를 완벽하게 하려면 끝이 없다. 따라서 상호 간 상당한 피해를 줄 군사력, 즉 공포의 균형(balance of terror)을 어느 정도 확보했다고 판단되면 관계회복을 위해 적극적으로 노력하는 평화조성 단계로 들어가야 한다. 평화조성이 내실 있게 이루어지려면 경제, 문화, 복지, 의료, 교육 등 여러 분야에서 평화구축을 시도해 나가야 한다.

3. 분단 평화와 통일 평화

한반도 평화는 분단 상황을 관리하는 소극적 평화와 현상을 타파하고 통일을 추구하는 적극적인 평화로 구분된다. 전자를 분단 평화(peace by division), 후자를 통일 평화(peace by unification)로 부른다. 분단 평화는 분단 상황이 더 이상 폭력적으로 발전하지 않도록 관리하고 통제하는 활동은 소극적 의미에서 평화를 유지하는 행위, 즉 평화유지(peace-keeping) 활동에 해당한다. 분단구조에서 더 이상의 충돌과 폭력을 방지하고 분단을 평화적으로 유지하려는 행위다. 반면, 통일 평화는 통일을 통해 미래 한반도에 지속 가능한 평화를 조성하고 장기적으로 평화를 구축하기 위한 행위, 즉 평화조성(peace-making)과 평화구축(peace-building) 활동을 말한다.

분단 평화는 통일 평화와 비교해 보면 매우 소극적이다. 통일 평화가 미래의 통일을 통한 지속 가능한 평화를 구축하려는 적극적인 노력인 데 비해 분단 평화는 분단구조하에서 안정과 균형을 유지하려는 소극적 평화의 추구를 지향한다. 통일 평화가 피스빌딩을 목표로 하는 반면, 분단 평화는 싸우는 두 당사자가 더 이상 물리적 폭력을 행사하지 못하도록 떼어놓는 피스키핑

(peacekeeping)과 피스메이킹(peacemaking)에 중점을 둔다. "평화를 원하거든 전쟁을 준비하라"라는 말이나 평화를 지키기 위해서는 힘과 군사력이 필요하다는 논리가 모두 분단 평화를 지칭하는 개념이다. 갈등하는 당사자를 서로 싸우지 않도록 협약을 맺는 피스메이킹을 목표로 설정하고 군사적 안정과 질서유지를 도모하는 활동이 분단 평화다.

한반도에서 더 이상 폭력이 행사되는 것을 방지하기 위해서는 가장 먼저 해야 할 일은 분단을 평화적으로 관리하는 것이다. 그런데 분단 평화가 종종 폭력으로 작동하는 때도 있다. 통일에 대해 부정적 의식이 커지고 북한을 적으로 생각하는 흐름이 형성되는 상황에서는 상대에 관한 폭력적 행위도 분단 평화로 정당화되기 쉽다. 이러한 문제가 특히 경제적 이익과 관련되어 발생하면 남북한은 폭력과 평화 사이에서 한 치도 양보하지 않을 것이다. 상황이 이렇게 되면 무력사용은 자국민의 재산과 생명을 지키는 훈련, 애국적 행동으로 합리화된다.

반대로 통일 평화도 때로는 폭력으로 작용할 수도 있다. 통일을 점점 부담스럽게 여기고 있는 탈냉전의 현실은 분단의 폭력과 평화를 새로운 관점에서 조명하도록 촉구한다. 냉전 시기에는 분단된 남북한이 통일을 하는 것은 당연하며 숭고한 이상으로 받아들였다. 그러나 지난 30여 년간 통일을 당연한 국가목표로 인식하는 사람들은 53%로 남한에서 현저히 감소하였다. 통일을 반대하며 남북한이 각기 독자적인 체제를 유지해야 한다는 이른바 '분리주의자'가 23%를 차지하는 상황에 이르렀다. 분단 상황에 익숙해지는 분단의 적응효과(habituation effect)가 작용하기 때문이다. 이러한 조건에서는 구성원들의 의사에 반하여 통일을 강행하려는 생각이 오히려 '폭력적'일 수도 있는 것이다. 이질적 요소들을 가진 남북한이 하나의 공동체 안으로 들어와 갈등하고 충돌하기보다는 분리하는 것이 폭력을 줄이고 평화와 안정을 유지하는 방편이 될 수도 있기 때문이다. 세계적으로 신생국들이 분리·독립을 선언하는 이유도 거기에 있을 것이다.

탈냉전의 흐름 속에 적대와 갈등, 경쟁이 협력과 포용의 관계로 발전하는 변화를 보이며 통일을 통한 지속 가능한 평화, 즉 통일 평화의 전망도 있어 보인다. 그러나 통일 평화를 증진하는 일은 쉽지 않다. 분단 평화가 구조화되어 있고 분단과 전쟁 트라우마가 내재화되어 있는 상황에서 하루아침에 통일 평화가 구축될 수는 없는 일이다. 그렇다고 분단구조를 타파하고 통합을 추진하기 위해 강제력을 행사하는 것은 또 다른 폭력을 만드는 일일 뿐이다.

4. 트랜샌드와 트라우마힐링

평화아키텍처의 설계는 화려하고 복잡하게 보이지만 그 원리
는 생각보다 간단하다. 요한 갈퉁은 평화를 구성하는 네 가지 요
소를 언급하며 평화구축의 전략을 설명한다. 그는 수학 전공자
답게 평화를 수식으로 표현한다.

$$Peace(평화) = \frac{Equity(호혜 \cdot 협력) \times Harmony(조화 \cdot 공감)}{Trauma(트라우마) \times Conflict(갈등)}$$

즉 평화는 Equity(호혜협력) 및 Harmony(조화공감)와는 비례
적으로 증진되며, 트라우마와 갈등에 의해 저해된다는 것이다.
Equity는 상호이익 또는 공정한 이익을 위해 서로 협력하는 활동
으로 "남에게 대접을 받고자 하는 대로 남을 대접하라."라는 황
금률의 원칙과 상통한다. Harmony는 다른 사람들의 고통을 내
고통으로 느끼고 다른 사람의 기쁨을 함께 누리는 상태를 말하
며 도교(Taoism)의 정신에 가까운 정서적 개념이라 할 수 있다.
트라우마는 물리적 혹은 언어폭력이 남긴 상흔을 의미하며 트
라우마가 쌓이면 폭력으로 나타날 수 있다. 갈등은 폭력의 위협
(threat of violence)으로, 갈등과 폭력은 다르지만 갈등이 사이를 벌

어지게 만들고 점점 고조되면 폭력으로 비화할 가능성이 있다.

위의 논의에서 볼 수 있듯이 평화구축의 전략은 크게 두 방향으로 전개된다. 한 방향은 평화를 저해하는 갈등의 내용 (substance)을 실질적으로 해결하는 노력, 즉 갈등해결(conflict resolution)을 직접 다루는 것이다. 이해관계가 서로 충돌하는 갈등을 상호이익을 창출할 수 있는 아이디어를 찾고 서로 협력하는 방법을 제안함으로써 갈등을 해결해 나가는 것이다. 그런가 하면, 다른 한편으로는 갈등의 기저에 깔린 트라우마와 정서, 감정의 문제를 해소해야 한다. 실제적인 갈등문제가 상호이익을 창출하는 해법을 찾아 일단락되었다고 하더라도 관련 당사자 사이에 존재하는 트라우마와 정서, 감정의 패인 골을 해결하지 않으면 진정한 조화와 공감, 평화는 구축되기 어렵다. 반대로 정서와 감정은 풀렸지만 어떤 실질적인 문제가 갈등요소로 남아 있다면 이 갈등은 언제든지 정서와 감정을 자극하여 폭력적 갈등으로 비화하고 평화를 해칠 가능성이 크다. 따라서 평화구축은 실질적인 갈등문제의 해결과 정서·감정의 해소라는 두 차원에서 함께 이루어져야 한다.

첫 번째 묶음인 실질적 문제를 해결하기 위해서는 갈등해결 연구에서 논의되는 여러 수단을 유력한 방법으로 동원할 수 있을 것이다. 갈등해결을 다루는 연구자들은 갈등해결의 방법으로 갈등을 비폭력적으로 유지하는 활동과 직접적인 폭력을 줄이는 활동, 그리고 갈등과 폭력을 근원적으로 줄이기 위한 제도개혁 등 다각적인 방법을 제안한다. 구조적, 제도적 개선을 위해서는 정치, 안보, 법률 분야의 개혁 추진과 인권개선 활동, 문화예술을 통한 갈등해결 방안을 제시하기도 한다. 뿐만 아니라 현존하는 갈등을 상호이익을 창출하는 방식으로 해결하기 위한 활동으로 중재와 협상 등 보다 직접적인 해결방안을 모색한다. 갈퉁은 갈등해결 방법으로 자신이 불교의 정신에 근거하고 있다고 한 트랜샌드(transcend)라는 초월 해법을 제안하며, 보다 구체적인 중재(mediation)의 방법을 권장한다. 갈퉁이 제안하는 중재는 협상이나 타협과 다르며 훈련되고 숙련된 대화의 기술이며 예술에 가까운 활동이다. 갈등해결은 공존할 수 없는 이해관계를 공존하도록 만드는 활동이므로 트랜샌드나 예술의 경지에 이르지 않으면 어려울 것이다.

　다른 한 묶음으로 정서·감정을 다루는 다양한 방법론을 활용할 수 있다. 최근 갈등해결을 저해하는 트라우마를 어떻게 해결할 것인가 하는 문제에 대해 많은 관심이 쏠리고 있고 다양한 방법이 제안되고 있다. 이 정서적이고 감정적인 부분을 해결하기 위해 화해와 용서, 트라우마힐링(Trauma Healing) 등 심리적 방법으로부터 시작하여, 앞에서 언급한 바 있는 신뢰구축, 미래상상, 회복적 정의 등 관계개선에 초점을 맞추는 방법까지 다양한 방식을 활용하고 있다. 또한 국제적 수준에서는 진실을 밝히고 범법자 문제를 다루는 진실과 화해위원회 같은 방법, 공동체 수준에서 다양한 기념행사와 기념비 건축 등을 통해 과거의 고통을 보상하고 가족 가치를 회복함으로써 공동체를 재건하는 방법, 개인적 수준에서는 일대일 상담을 통한 치유, 정신건강을 다루는 전문가를 확보하고 적절한 훈련을 통해 개인의 역량 강화(empowering)를 시도하는 등 여러 방법을 활용하고 있다.

무엇보다 평화구축의 방법으로 사회적 역량을 강화하는 역량개발 프로그램이 제안되고 있다. 갈등을 해소하고 평화적 관계를 만들기 위해서는 갈등의 핵심 내용(substance)이 무엇인가를 정확히 파악하고 상황과 관계의 패턴을 분석하여 이를 통합적으로 제시하는 분석역량이 필요하다. 동시에 복합적 갈등상황에서 "상대를 적으로 만들지 않고 친구로 만드는 능력"을 발휘하고 상호 간의 정체성과 관계에 관한 이해와 공감을 이끌어 내는 문제해결 능력을 함양해야 한다. 관계를 깨뜨리지 않고 실질적인 문제를 다루어 나가는 역량을 강화하기 위해 성찰의 기술, 적극적

청취 기술, 외교적 화술, 주장의 기술, 사려 깊은 질문의 기술, 창조적 문제 해결 기술, 대화 기법, 협상기술, 중재기술 등 여러 관계의 기법과 기술이 연구되고 있다.

평화구축은 광범위한 전 사회적 자원을 동원하는 것이어서 사회 안에 존재하는 각 부분의 역량을 파악하는 작업부터 시작해야 한다. 댄 스미스(Dan Smith)는 사회를 네 개 부문, 즉 안보(security), 정치(political framework), 경제 사회(socio-economic foundations), 그리고 화해와 정의(reconciliation and justice) 부문으로 나누고 각 부문에서 평화구축 역량을 어떻게 제도화해 나갈 것인가를 파악하도록 제안한다. 참 평화는 관계를 회복하고 새로운 관계를 만들어 감으로 가능하다. 용서란 복수하거나 앙갚음하지 않는 너그러운 마음이고, 화해는 깨어진 관계를 회복하기 위해 용서를 구하는 것이다. 문제의 근원은 관계에 있다. 관계의 회복으로 적극적 평화는 시작된다.

5. 평화유지로서의 통일

통일을 기획하려면 가장 먼저 평화유지가 선결되어야 한다.

평화유지를 위해서는 먼저 싸우는 당사자들이 서로 싸우지 않도록 떼어놓는 분리와 격리가 필요하다. 분리와 격리를 통해 쌍방의 폭력사용을 중지시켜야 하기 때문이다. 쌍방 간 싸움이 치열할 때는 서로 떼어 놓고 분리해야만 평화가 보장된다. 이런 점에서 평화유지로서의 통일은 그 기반이 되는 군사력 증강과 안보의 보장으로부터 시작된다.

남한과 북한은 200만 명의 살육을 초래한 전쟁을 종결하고 무력과 폭력의 피해를 줄이기 위해 정전협정을 체결했다. 직접적이고 물리적인 폭력사용을 중단하기 위해 소극적인 의미에서 정전협정을 체결한 것이다. 구체적인 조치로서 무장을 해제하고 싸워서는 안 되는 물리적인 비무장지대(DMZ)를 설치했다. 평화의 시각에서 보면 매우 소극적인 차원의 평화를 실현하기 위한 조치였지만, 살상이 심각하게 진행되는 상황에서는 가장 선차적이며 중요한 평화의 방편이다. '분단'은 소극적이기는 하지만 평화를 유지하는 중요한 출발점이 되며 이런 점에서 이러한 평화의 기획을 '분단 평화'라 부를 수 있을 것이다.

그러나 평화유지만으로는 결코 지속 가능한 평화를 실현할 수 없다. 평화를 유지하기 위해 대부분 국가가 하는 일은 군비를 증강하고 더 많은 병력을 확보하는 것이다. 평화유지의 본질적 목적은 더 이상의 싸움을 하지 않고 중단하자는 것이었는데, 서로에 관한 불신과 불안, 적대감정 때문에 평화유지의 본질을 잃어버리고 군사력을 더욱 증강하며 싸움준비를 더 철저히 해야 한다는 논리가 발전하게 되어 악순환의 늪에 빠지고 마는 것이다. 군비가 증강되면 증강될수록 평화를 유지할 수 있는 것이 아니라 긴장이 더 고조된다는 사실은 분명하다. 남북 간 군비경쟁이 치열해지는 가운데 북한은 경제력의 열세로 재래식 전력이 비대칭적으로 기울어지자 핵무기 개발을 통해 열세한 전력을 만회하고자 시도했다. 그 결과는 한반도를 초긴장 상태로 몰아넣었다. 한국인들의 89%가 북한의 핵무기에 대해 위협을 느끼고 있다는 조사는 평화유지가 얼마나 평화실현에 취약한가를 보여 주는 대목이다. 이스라엘과 팔레스타인, 인도-파키스탄과 같이 평화유지에 몰두하는 국가의 국민은 그 삶이 매우 피폐해져 있음을 볼 수 있다. 이처럼 평화유지의 본질을 잃어버리고 군비증강에 집착하는 경우 더 심각하고 불안한 결말을 맞게 된다.

분단이 소극적이나마 평화적으로 관리되며 평화실현에 이바지하는 작업이 되려면 자기를 보호하기 위해 물리적 보호 장치를 만드는 군비증강은 분단 평화에 이바지하는 방향으로 개선되어야 한다. 남북한이 군사 대화를 통해 군비를 감축하고 전쟁을 방지할 수 있는 더 적극적인 조치들을 보여야 한다. 분단을 평화를 유지하는 소극적 조치에서 군사적 대화와 군축을 통해 더 적극적인 평화를 만들어 갈 수 있도록 분단 평화를 관리하고 개선하기 위한 대책이 필요하다.

이런 점에서 통일을 준비하기 위해서는 평화유지와 분단 평화를 개선할 수 있는 평화협정이 체결되어야 한다. 사실, 한반도에서는 정전협정만 제대로 지켜졌어도 평화협정에 버금가는 공고한 평화가 실현되었을 수도 있다. 정전협정이나 평화협정의 명칭이 중요한 것이 아니라 더 공고하고 지속 가능한 평화를 만들기 위한 노력이 더 중요한 것이다.

6. 평화조성으로서의 통일

평화조성으로서의 통일은 중재와 협상을 통해 남북한을 포함한 관련 당사자들의 상반된 목표와 이해를 화해시키는 활동을 지칭한다. 갈등하는 당사자들 간에 폭력을 중지하고 외교적 노력을 기울이도록 하는 것을 시작으로 비폭력적 대화를 하도록 독려하고 궁극적으로 평화협정을 체결하도록 돕는다. 평화조성으로서의 통일기획은 "어떤 형태의 통일"을 말하는가를 논의하고 추진하는 일이다. 흡수통일, 무력통일, 협상에 의한 통일 등 여러 형태의 통일이 있겠고 현실적으로 북한의 혼란과 붕괴가 발생하여 통일의 계기가 마련될 수 있을 것이다. 그러나 북한 붕괴의 경우 주변국들 특히 미국과 중국 사이에서 협상을 통해 한반도 통일을 실현해 나가는 일은 결코 쉬운 일은 아닐 것이다. 그렇지만 어떠한 상황이 발생하더라도 한반도 통일은 남북한이 현재의 교류 협력을 확대하고 대화를 지속하여 남북 연합단계로 진입하는 것으로부터 시작될 것이 확실하다. 남북연합은 점차 연방 단계를 거치거나 혹은 통일국가로 발전해 나갈 것이다.

평화조성으로서의 첫 관문은 현재의 정전협정을 평화협정으로 전환하는 문제일 것이다. 6자 회담에서 러시아가 맡기로 한 평화체제 실무그룹을 가동하여 정전협정의 당사국인 4자협의체를 구성하는 것이 좋을 것이다. 새로운 평화협정을 체결하는 데 따르는 주변국의 개입 여지를 줄이고 자주적 통일을 만들어가기 위해서는 기존의 여러 선언과 남북 기본합의서를 기초로 몇 개의 추가 문서를 만드는 방식으로 평화체제를 형성해 나가는 방안도 고려해 볼 필요가 있다. 평화협정을 맺어야 한다면 최소의 조치들을 시행하는 방식으로 추진하여 예컨대, 기본합의서

재확인 + 종전선언/교차승인 + 최소의 평화협정 (정전협정의 공식 종결과 평화관리기구 명시) 등의 방식으로 평화체제를 구축해 나갈 수 있을 것이다.

평화협정 체결방안은 남북한이 당사자가 되고 관련국들이 보장하는 방식과 관련국이 동시에 추진하는 방식을 상정할 수 있다. 전자는 2+2, 2+4, 2+2+UN 방식 등이며, 후자는 4자회담, 6자회담 등이다. 평화협정의 가장 나은 방법은 4자회담이나 6자회담보다는 남북한이 당사자가 되고 주변 4국이 보장하는 2+4의 방식이다. 2+2+UN 방식은 평화체제의 실질적 당사자인 남북한이 평화선언을 하고 정전협정 당사자인 미국과 중국이 평화협정에 서명하고 UN이 이를 보장하는 방식이다.

남북한이 실질적으로 통일 논의를 하는 단계에 이르면 국호 문제와 통일의 방식이 가장 먼저 제기될 것이다. 통일의 방식은 2000년 6 · 15 정상회담에서 논의된 바 있는 낮은 단계 연방제냐 연합제냐 하는 데 대한 문제다. 국호는 대한민국과 조선민주주의인민공화국을 어떻게 통합할 것인가 하는 문제다. 한국과 조선의 국가 정체성을 서로 포기하는 것은 상상하기 어려운 일이다. 한국에서 당 대 당 통합에서도 정체성을 절대 포기하지 않으려고 하는데 하물며 국가 간의 일이랴. 국가 대 국가의 통일은 이런 점에서 여간 어려운 일이 아닐 것이다.

현재 남한 정부가 가진 민족공동체 통일 방안은 '통일국가'를 최종단계로 상정하고 있어서 당위성을 강조한 측면은 있으나 현실성에서는 문제가 있다. 북한이 흡수통일의 우려를 제기하며 반대하는 것은 물론 주변국에서도 과연 남한의 통일 방안을 현실 가능한 대안으로 평가하고 있을지는 의문이다. 중국은 통일한국을 지지하지만 미군이 한반도에 주둔하는 한 통일을 찬성하지 않을 것이다. 중국은 2014년 3월 23일 네덜란드 헤이그에서 가진 한중 정상회담에서 "남북 양측의 자주적이고 평화적인 통일 실현을 희망한다"는 발언을 했는데, '자주적' 통일을 희망한다는 것은 통일 한국이 미국의 군대를 주둔하도록 하는 상황은 인정하지 않겠다는 의미로 해석될 수 있다. 중국은 미국의 군대가 철수한다면 한국주도의 통일을 인정할 것이라는 입장을 조심스럽게 표명하고 있다는데, 실제로 그러한 입장이 실현되기는 쉽지 않을 것이다.

2016년 현재 남북한 주민들의 주변국 선호도는 매우 다르게 형성되어 있다. 남한은 미국에 관한 선호가 뚜렷한 반면, 중국에 관한 불신이 크다. 반대로 북한은 중국에 관한 선호가 높고 미국에 관한 불신이 크다. 남한의 미국선호도는 가장 높은 73.6%를 기록하는 반면, 북한은 중국에 관한 선호도가 76.8%로 매우 높다. 북한의 이러한 중국 편향성과 남한의 미국 편향성이 존재하는 한 미국과 중국은 통일 한반도에 관한 우려를 할 수밖에 없을 것이다. 주변국의 이해관계뿐만 아니라 이처럼 의식지형도 다르게 형성되어 있는 상황이라 할 수 있다.

그렇다면 정부와 국가는 당장 추구해야 할 당면 과제로 '남북연합'을 선택하고 거기에 힘과 노력을 집중하는 반면, 통일국가의 여러 가능성을 열어 두면서 미래의 국민이 선택하여 통일을 성취하도록 맡겨 두는 것이 합리적인 통일 방안이 아닐까 생각한다. 남북연합을 잠정적 최종 상태로 제안하면 북한도 흡수통일에 관한 두려움이 적어지고 적극 협력할 가능성이 있다. 주변국도 마찬가지로 남북한이 두 개의 국가가 공존하는 형태로 '남북연합' 통일 방안을 제시한다면 현실적으로도 받아들일 수 있을 것이다.

물론 남북연합이 엄밀한 의미의 두 개의 국가로 구성될지, 아니면 1국가 2체제로 운영할지 등은 통일 방안의 보완·발전 논의에서 구체적으로 다룰 수 있을 것이다. 국가적 실체의 문제는 남북 기본합의서와 유엔가입을 계기로 일단락되었으므로 이제 남한과 북한은 한국과 조선이라는 국호를 정식으로 사용하며 통일을 준비해야 한다. 한국과 조선을 국명으로 사용하되 국제사회에서는 '분단국'이라는 점을 언제나 상기시키며 통일의 당위성을 확보할 수 있을 것이다. 또 한반도 안에서도 북한이 통일 코리아의 국호로 제시하는 '고려'를 받아들일 것인지, 아니면 대한민국의 프리미엄이 크기 때문에 관한 대한민국을 통일국가의 국호로 제시하든지 하는 준비도 해야 할 것이다. 이러한 노력과 준비가 없이는 통일의 미래를 통합적으로 기획하기 어려울 것이다.

이러한 통일 대안을 실행하려면 주변국들과의 외교, 즉 통일외교를 성공적으로 해내야 한다. 주변국들은 대체로 현상유지를 원하기 때문에 한반도 통일을 지지하지 않을 것이다. 특히 미·중 패권경쟁이 치열한 한반도에서 한국이 발휘할 수 있는 외교적 활동 공간은 점점 좁아지고 있다. 이러한 상황에서 한국은 북한과의 관계를 확대하여 구심력으로 활용하고 러시아와 아세안 등으로 통상외교를 다변화하고 복합연결망을 구축함으로써 통일외교의 자강력을 키워나가야 한다.

한 가지 다행스러운 것은 독일의 경우와는 달리 한반도 주변국들은 적어도 공식적으로는 한반도 통일을 반대하지 않는다는 점이다. 왜냐하면 독일은 2차 세계대전의 패전국으로 동서분할이 집행되었기 때문에 주변국이 독일 통일을 공개적으로 반대했지만, 한반도의 경우에는 전쟁에 관한 책임이 없으므로 어느 주변국도 공개적으로 한반도 통일을 반대하지는 못한다. 이러한 도덕적 명분을 잘 활용하는 외교력을 발휘한다면 통일의 가능성을 내다볼 수 있을 것이다. 문제는 이러한 외교적 역량을 갖춘 인재를 어떻게 길러 내느냐 하는 것이다.

7. 평화구축으로서의 통일

통일을 장기적 관점에서 준비하고 사회 여러 영역에서 작은 통일을 만들어 나가는 새로운 통일 상상력, 즉 평화구축으로서의 통일기획이 필요하다. 평화구축(Peace-building)은 사회 내에 존재하는 구조적 갈등을 보다 장기적이며 지속 가능한 평화로 전환시켜 나가기 위해 사회경제적 재건과 발전을 통해 평화로운 사회변화를 추진하는 포괄적인 활동을 의미한다. 즉 평화구축은 폭력적 갈등이 어느 정도 해소된 이후에 발생하는 장기적 과정이며, 특히 평화유지와 평화조성이 이루어진 이후에 진행되는 평화과정(peace process)의 단계를 지칭한다.

평화구축에 관한 이러한 개념은 1990년대에 부트로스 갈리(B.

Boutros-Ghali) 유엔사무총장이 An Agenda for Peace에서 차용함으로써 널리 사용되기 시작하였다. 이른바 갈등 후 재건(post-conflict reconstruction)이라는 개념으로 장기적이며 포괄적인 사회변혁으로서의 평화구축에 관심이 집중되었으며, 유엔은 1995년 총회 산하에 유엔평화구축위원회(UN Peacebuilding Commission, PBC)를 설치하고 장기적인 관점에서 평화구축 방안을 강구하고 있다.

장기적 관점에서 통일의 기반을 조성하려면 제도적 차원의 준비와 의식 차원의 준비가 필요하다. 제도적 준비란 통일의 엔진을 만드는 것과 같다. 통일을 추동할 수 있는, 통일의 이상을 제도적 틀에 담아 구현할 수 있는 성능 좋은 엔진이 필요하다. 통일 엔진은 개성공단이나 남북대화 기구와 같은 남북을 묶어주는 통합 메커니즘과 제도를 말한다. 유럽연합에서 볼 수 있듯이 경제 공동체가 가장 강력한 통일과 통합의 엔진이 될 수 있을 것이다. 이를 위해서는 창의적 상상력이 절대적으로 요구된다. 개성공단은 한국형 통일 프로젝트로 인정받고 있고 DMZ 세계평화공원도 창의적 통합엔진이다.

통일 대안을 전체적으로 끌어갈 수 있는 유능한 리더십은 더 없이 필요한 요소다. 집단과 개인들의 사정, 국가의 경제형편을 감안하여 통일의 속도를 조절하고 타협과 협상을 통해 통일을 추진해 나가는 정치지도자들의 리더십은 더없이 중요하다. 이러한 리더십은 국내의 자원을 동원하여 통합역량을 증진하는 것뿐 아니라 북한의 역량증진까지도 고려하는 통합적 시각을 필요로 한다. 북한 사회주의 경제체제의 전환과 시장경제개혁을 담당할 인적 자원, 통일 한국의 지방행정 엘리트, 통일의 정체성을 통합적으로 이끌어 갈 수 있는 교육분야의 리더십이 마련되어야 하기 때문이다. 이런 점에서 통합적, 전망적 관점에서 미래를 준비하는 젊은 세대의 통일리더십 형성은 매우 중요하며 시급하다.

그렇지만 위의 조건들이 갖추어졌더라도 연료가 없으면 자동차가 굴러가지 못하듯, 에너지의 공급이 불가결하다. 통일에너지란 통일에 관한 비전과 의지, 더 나은 세상을 만들려는 구성원들의 열망을 말한다. 통일 의지는 통일을 추동하는 동력이다. 서론에 언급했듯이 한국 사회는 통일의 필요성에 공감하는 사람들은 53% 정도이고, 통일을 시급한 의제로 인식하는 사람들은 13% 정도에 불과하다. 어떻게 통일의 열망을 높여 나가느냐 하는 것이 중요한 문제다.

남한 주민들의 통일 의지도 중요하지만, 북한 주민들의 통일에 관한 기대와 열망도 중요하다. 북한 사람들이 대한민국을 통일의 미래로 받아들이고 있는지, 우리는 대한민국을 통일의 미래세상으로 만들어 가고 있는지 자문해 보아야 한다. 최근 '한류'가 북한에 퍼지고 있으나 북한 주민들은 대한민국을 제대로 알지 못하며 여전히 '남조선' 의식을 갖고 있다. 그뿐 아니라, 아직도 아물지 않은 전쟁의 기억과 고난의 행군의 아픈 상처를 어떻게 감싸 안을 수 있겠는가 하는 마음의 준비가 더 중요하다. "통일이 언제쯤 되느냐?"라는 질문도 이러한 우리의 마음준비와 북한 사람들의 한국에 관한 호감도를 기준으로 시기를 가늠해 볼 수 있을 것이다. 독일 통일에서 보았듯이 통일이 정치 대화와 외교 협상, 경제협력의 과정을 거쳐 진행되지만 궁극적으로 북한 주민들이 남한을 선택함으로써 이루어진다는 점에서 통일구상의 핵심은 북한 주민들의 마음을 얻는 데 초점을 맞추어야 한다.

제6장

통일과 평화의 대전략

1. '한반도 평화연합' 구상

한국이 통일 방안을 준비하고 있지만 그 방안이 실제적인 통일방책이 되기 위해서는 통일을 너무 단기적으로 구상하지 말고 장기 프로세스로 진행된다는 사실을 다시 한번 상기할 필요가 있다. 이 과정에서 특히 북한체제의 존속 가능성에 관해서도 20년 이상 장기적으로 존속할 수 있다는 관점으로 통일 방안을 준비하는 자세도 필요하다.

이런 점에서 새로운 통일 대북정책으로 '한반도 평화연합' 구상을 제안한다. 평화는 통일을 지향하는 가치와 비전을 큰 틀에서 보여 주며, 연합은 그것을 보다 구체화한 제도와 실현 방법을 담는다. 한반도 평화는 통일의 궁극적 가치와 비전을 가장 큰 범주에서 보여 주는 것으로 통일의 목적과 방법, 전략이 모두 평화여야 함을 의미한다. 평화는 상호이익을 주며 조화로운 관계로 이루어진 아키텍처를 의미하며, 이 아키텍처는 지키고(keeping)

만들고(making) 세워나가는(building) 3차원의 복합구조로 건축해야 한다.

　연합은 통일 방안으로서의 남북한 (국가)연합을 상징하며, 세부적으로는 경제연합, 정치연합, 시민사회연대를 의미한다. 대북정책은 '남북(국)연합'을 형성하는 것을 목표로 추진하며, 이를 위해서는 경제연합이 선행되어야 할 것이다. 경제협력 기본협정(Economic Cooperation Framework Agreement, ECFA) 및 경제공동체를 토대로 하여 경제연합을 실현하고 시민사회연대와 정치연합을 촉진함으로써 남북(국가)연합을 완성한다. 이런 점에서 정부의 '민족공동체 통일 방안'을 "잠정적 최종 형태로서의 연합제 통일 방안"으로 수정해야 할 필요가 있다.

　이를 위해서는 전략적 인내(Strategic patience) 정책이나 무대응(benign neglect) 전략으로부터 전략적 관여정책(Strategic engagement) 정책으로 통일 대북정책을 전환해야 한다. 전략적 관여정책은 어떻게 시작할 수 있는가? 현재 남북한의 입장을 분석하면 북한은 정치적 과제를 선결 조건으로 내걸고 있고, 남한은 사회문화 과제를 선결 조건으로 내걸고 있는 반면, 경제적 과제는 양국의 공감대가 일치하고 있다. 따라서 전략적 관여정책의 출발점은 경제협력이다. 즉 정치 과제와 사회문화 과제를 맞

바꿀 수 있다는 신호를 보내는 한편, 개성공단처럼 경제논리로 풀 수 있는 사안에 대해서는 경제협상을 추진한다. 남북 관계 개선과 대북정책의 출발점은 경제사업에서 찾아야 하며, 경제연합을 가장 우선적인 목표로 추구해야 한다. 남한이 제시하는 민생, 환경, 문화의 과제는 북한이 요구하는 한미합동군사훈련의 조정, 전단살포 중지 등의 과제와 협상할 수 있을 것이다.

북한의 핵 문제는 6자 회담 채널로 외교부가 관장하여 대화하고, 남북 관계개선은 통일부를 중심으로 풀어가는 이른바 투트랙(Two Track), 즉 분리·병행 정책 추진이 필요하다. 핵 문제와 같은 힘든 문제는 한반도 평화체제 타결 전까지 완전히 해결하지 못할 수도 있다. 핵 문제는 관계개선을 함으로써 해결할 수도 있는 문제이니 평화협정과 병행하여 논의할 수도 있다. 그리고 평화체제라는 것을 단번의 어떤 행위로 생각하는 기존의 관점에서 벗어나야 한다. 특히 한반도에서는 다른 분쟁지역과 달리 정전협정이 평화협정으로 대체되지는 않았으나 실질적으로 인적 왕래와 교류 협력이 이루어지고 남북 기본합의서, 6·15 공동선언, 10.4 합의 등 여러 합의 문건들이 존재한다. 이러한 현실들을 창의적으로 활용할 필요가 있다. 군이 별도의 평화협정을 만들지 않더라도 개성공단과 같은 경제협력을 제도화한다거나, DMZ

내 세계평화공원 조성과 같은 프로젝트를 중심으로 평화의 구조를 만들어 나간다는 생각을 가져야 한다. 이 과정에서 군사분계선의 출입 등 군사협력이 불가피하게 될 것이어서 평화체제 구축을 견인해 나갈 것이다.

남한이 북한의 핵 문제를 먼저 해결해야 한다는 주장과 마찬가지로, 북한은 통일 방안을 실행하기 위한 전제조건으로 국가보안법 철폐와 주한미군 철수 등을 주장한다. 이러한 주장들은 냉전 시기 남한 시민사회에서도 제기되었던 주장들로 탈냉전기에도 여전히 논란이 되는 문제들이다. 이러한 전제조건을 포함하여 선행해야 할 조치들을 화해협력 단계의 어느 시기에, 어떤 연계성을 가지고 해결해야 할 것인가를 더욱 정교화한 단계로 구성할 필요가 있다. 한반도포럼(2012)이 '남북 관계 3.0: 한반도 평화협력 프로세스'를 통해 제시한 '남북공동체 통일 방안'은 남북연합으로 진입하기 전 단계로서 추진해야 할 남북 간 평화협력의 내용을 구체화했다는 점에서 매우 현실성이 높은 통일 방안이라 할 수 있다.

이산가족 상봉 자체는 북한이 받을 수 없는 체제의 구조적 문제이므로 개발·인도지원(쌀, 비료, freikauf 등)이나 금강산 관광과 연계하여 풀어나가며, 이를 계기로 DMZ 세계평화공원 조성을 위한 군사 대화를 시작한다. 개성공단을 재가동하고, 새로 지정된 북한의 신의주특구 및 19곳 경제개발구를 활용하는 대북 경제협력을 추진한다. 남북 당국 간 재난·재해 및 인도주의 협력을 시작하고, 민간·시민사회의 참여를 바탕으로 하는 남북 간 사회문화 교류 네트워크를 확대한다. 기후변화와 위험에 남북이 공동 대응하는 재난·재해 및 인도주의 협력체를 구성하고, 평양과기대, 장애인 지원 등 민간단체의 교육·의료 지원 및 취약계층 인도주의 지원을 적극 추진한다.

2. 통일 평화 삼각플러스 모형과 통일 대북정책 3.0

통일의 과제를 평화의 틀에서 해결하기 위해서는 안보(security), 외교(diplomacy), 통일(unification)이 골든 트라이앵글(The Golden Triangle)을 이루면서 경제(economy)에 이바지하는 삼각플러스 모형을 구축해야 한다. 안보·외교·통일은 앞에서 설명한 평화유지, 평화조성 및 평화구축 기능을 담당하는 정책영역이다. 이 세 분야의 정책은 치우침 없는 평형을 이루면서 한반도 평화라는 궁극적 목표를 향해 나아가야 한다. 이 삼각모형 안에서 안보·외교·통일이 평형을 이루되 안보와 외교가 통일에 기여하고 이 삼각 평형은 경제에 이바지하는 하나의 프로세스에 담아 '한반도 평화 프로세스'로 풀어나가야 한다. 핵 문제, 대미·중 관계, 평화체제, 남북 관계를 남북연합통일을 촉진하는 연속적 과정으로 풀어나가야 한다. 평화를 유지하는 안보, 평화를 만드는 외교, 평화를 구축하는 통일·경제가 높은 수준에서 조율되고 통합되어야 한다.

안보·외교·통일+경제의 삼각플러스 모형이 평형을 유지할 수 있도록 통일 대북정책을 조율해 나가야 한다. 우리나라의 경우에는 청와대 국가안전보장회의(NSC)가 이러한 기능을 충실히 해야 한다. 나라를 안전하게 지키는 안보를 튼튼히 하되, 거기에 함몰되지 않고 손자병법이 갈파하듯 싸우지 않고 이기는 외교역량을 충분히 발휘할 수 있도록 최선을 다해야 한다. 그와 동시에 북한을 함께 통일을 이루어야 한 형제와 동포로 보고 민족통합의 비전을 소홀히 하지 않는 포괄적인 한반도 평화를 구상해야 한다. 통일을 한계상황에 다다른 남한 경제의 돌파구로서 신성장 동력을 창출하는 계기로 만들어 내는 설계와 함께 남북경제협력을 통해 한반도의 통일과 평화를 촉진하는 상승전략을 구상해야 한다. 이러한 평화의 대구상을 가진 대전략가와 정치지도자가 나와야 한다.

안보-외교-통일의 삼각 평형은 김대중·노무현 정부로부터 이명박·박근혜 정부로 전환되면서 심각한 갈등에 봉착했다. 김대중 정부는 외교나 안보보다는 통일 위주의 정책을 펼쳤다고 보아야 할 것이다. 김대중·노무현 정부에서 활발하게 진행된 통일 관련 활동은 이명박 정부 들어 제동이 걸렸다. 이명박 정부 출범 초기 통일부를 없애고 외교부에 붙여 놓는 작업을 추진하였다. 그 계획이 실행되지는 않았지만 통일문제보다는 외교라는 틀로 한반도를 보았고 통일을 외교의 부속물이라는 사고가 형성되었다. 박근혜 정부에서는 안보에 관한 관심이 높아지면서 통일보다는 안보가 우선이라는 생각이 지배하여 외교와 통일을 도외시하였다. 사실 안보(security)의 개념도 국가안보에서 경제안보, 인간안보 등으로 확장되고 있어서 안보를 중시한다는 것이 구태의연한 태도는 아니다. 그것이 확장되는 새로운 개념으로서의 안보를 포함하고 있다면 말이다. 그런데 여전히 20세기 안보의 개념을 바탕으로 21세기의 변화된 상황을 대처하려고 하니 문제가 커진다. 거기에는 물론 북한이 무모하게 핵무기를 개발하여 안보위협이 증대된 것도 중요한 원인이 있지만, 다른 관점에서 보면 그것에 대처하는 방식과 역량의 문제도 있다. 안보, 외교, 통일 및 경제를 어떻게 조합하느냐 하는 문제는 풀기 어려운 숙제가 되었다.

한반도 평화연합 구상은 통일 방안의 3.0 버전에 해당한다. 앞에서도 설명했지만 통일 1.0은 남북 간 소통과 교류를 중시했고 2.0 버전은 '북한 변화'를 전제조건으로 하였다. 통일 방안을 3.0 버전으로 업그레이드하려면 '북한'에 초점이 맞춰져 있는 현재의 패러다임을 남북 간 통합능력을 창출하는 패러다임으로 전환해야 한다. 북한의 변화를 추동할 수 있는 전략과 정책을 구사해야 하겠지만 동시에 통일의 새로운 동력이라 할 수 있는 통합제도와 그 역량을 제고하는 방향으로 초점과 목표가 옮겨져야 한다.

이런 점에서 '한반도 평화연합' 구상은 북한 변화를 위한 '북한 국제화'를 기본방향으로 설정한다. 남북 간 소통과 교류(1.0)는 기본으로 추진하되 북한의 변화(2.0)를 추동하기 위한 국제화 전략을 추진한다. 그러나 북한 국제화 전략은 단순히 북한이 변화를 수동적으로 기다리거나 설익은 붕괴를 촉발하는 차원에서 변화를 도모하는 것이 아니라, 통일 이후 함께 살아갈 파트너로서 북한의 자산과 역량을 함양(3.0)하는 방향으로 정책을 추진한다. 그런 점에서 '한반도 평화연합'은 3.0 버전의 통일구상이라 할 수 있다.

북한 국제화란 북한을 국제사회의 책임 있는 일원으로 편입시키는 정책을 의미한다. 북한과 국제사회의 상호관계가 확대되어 북한이 국제적 규범에 부합하는 정책을 구사할 수 있도록 돕는 전략을 말한다. 자폐적 북한 사회를 치유하는 길은 북한이 외부세계와 접촉하고 교류할 수 있도록 기회를 열어주는 것이다. 만약 북한이 중국과 러시아, 미국, 일본, 유럽과 다층적 네트워크를 확대한다면 북한 문제의 평화적 해결과 한반도의 안정과 평화 정착의 가능성은 커질 것이다. 한국은 평화협정과 경제적 수단을 활용하여 이러한 비전을 주변국과 공유하고 북한과의 전략적 관계 설정을 시도해 나감으로써 북한 사회를 치유하고 통일의 가능성을 열어가야 한다.

　구체적 방법으로는 북한의 대미, 대일 수교를 지원하는 '교차승인' 방향으로 외교정책을 펴나가며, 북한 주민들이 세계의 변화에 접촉할 수 있는 대북 '지식협력사업'을 적극 추진한다. 또 북한 주민들이 남한에 호감을 느끼고 통일에 협력해 오도록 계층에 맞는 지원을 실시하고, 북한과 인도주의 대화를 적극 추진하여 시민사회의 접촉면을 늘려나간다. 무엇보다 중요한 것은 이러한 활동을 통해 북한의 개방을 촉진하고 북한 주민들이 한국을 통일의 미래 대안으로 생각하도록 만들어야 한다. 북한 주민들의 의식변화를 기준으로 통일의 시기를 가늠해 볼 수 있을 것이다.

3. 잠정적 최종 형태로서의 남북연합과 개방형 통일국가 모델

통일국가를 최종 목표로 하는 것은 당위적인 측면이 있지만 현실성에서는 문제가 있다. 민족공동체 통일 방안에서 통일국가의 실현 방법으로 초기에는 구체화한 것이 없었으나 이후 연구된 내용을 근거로 정리한다면, 남북평의회에서 통일헌법 기초 초안 작성, 민주적 방법과 절차에 따라 확정 공포, 통일헌법이 정하는 바에 따라 민주적 총선거 실시, 통일정부와 통일국회(양원제) 구성 등의 내용을 담고 있다. 이러한 내용은 이론적, 당위적으로는 논의할 수는 있으나, 현시점에서 논의할 문제는 아니다. 이러한 로드맵은 오히려 '비상계획'으로 갖고 있다 추진해야 할 정책 내용에 더 적합하다 할 수 있을 것이다.

다른 하나의 문제는 통일국가를 미리 상정할 경우 주변국이 이러한 통일 방안을 받아들일 수 있느냐 하는 문제다. 민족공동체 통일 방안이 상정하는 '통일국가'에 대해 미국, 중국, 일본, 러시아 등 주변국은 어떻게 받아들이고 있을까 하는 현실성을 고려해야 한다. 탈냉전 직후에는 주변국들이 한반도 통일 가능성을 진지하게 다루지 못하였으나, 통일의 가능성과 현실성이 과거보다 높아지고 있는 상황에서 주변국들이 과연 남북한의 정치체제가 통합되는 한반도 통일을 어떻게 받아들이고 있을까에 관한 진지한 검토가 필요하다.

중국은 통일 한국을 지지하지만 미군이 한반도에 주둔하는 한 통일을 찬성하지 않을 것이다. 중국은 공식적으로는 자주적 (남북) 평화통일을 실현하는 것을 지지한다고 말하는데, 자주적 통일을 지지한다는 것은 통일 한국이 미국의 군대를 주둔하도록 하는 상황은 인정하지 않겠다는 의미다. 2013년 6월 한중 정상회담에서 중국은 미국의 군대가 철수한다면 한국 주도의 통일을 인정할 것이라는 입장을 조심스럽게 표명했다고 하는데, 실제로 그러한 입장이 실현되기는 쉽지 않을 것이다.

이렇게 보면, 주변국들은 여전히 통일 한국이 아니라 남북한의 평화적 공존 정도로 현상유지를 선호한다. 이러한 현실에도 불구하고 지속해서 통일국가의 실현을 위해 노력해야 하겠지만, 실제로 통일을 이끌어 내려면 남북한의 공존 형태로 통일 방안을 제시해야 하지 않을까 생각한다. 이런 측면에서 새로운 통일 방안은 주변국의 지지와 동의를 끌어낼 수 있는 최종 상태의 통일 방안에 관한 고려를 담아야 할 것이다.

그렇다면 남북연합을 통일의 잠정적 최종 상태로 제안하고 이후는 열어 놓아야 한다. 현재 통일 방안에서는 남북연합을 제2단계, 즉 통일국가로 향하는 과정에서 중간에 거치는 과정으로 설명하였다. 그러나 만약 현실적으로 '통일국가'의 실현이 쉽지 않고 1차적 목표로 '남북연합'을 상정한다면, 민족공동체 통일 방안을 그대로 두고 남북연합의 성격과 의미를 부각해 볼 수도 있을 것이다. 예컨대, 통일 방안의 그림을 그릴 때 2단계의 남북연합이 결정적으로 중요하다는 점을 드러내기 위해 남북연합에 진입하는 것을 공동목표로 하지만, 남북연합이 어떻게 발전해 나가느냐에 따라 두 갈래 혹은 세 갈래의 미래가 달라질 수 있다는 식으로 미래를 열어 두는 방법도 있을 것이다. 현재 정부와 국가는 당장 추구해야 할 당면 과제로 '남북연합'을 선택하고 거기에 힘과 노력을 집중하는 반면, 통일국가의 여러 가능성을 열어두면서 미래의 국민이 선택하여 통일을 성취하도록 맡겨두는 것이 합리적인 통일 방안이 아닐까 생각한다. 이런 맥락에서 '남북연합'을 잠정적 최종 상태의 통일로 제시할 수 있다.

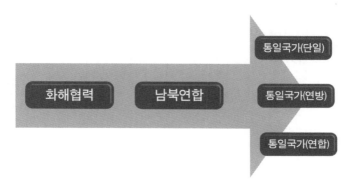

〈그림2〉 잠정적 최종 상태로서의 남북연합과 개방형 통일국가 모델

이것은 마치 북한이 '연방제' 통일 방안을 잠정적 최종 상태로 제안하는 것과 같은 것이다. 북한이 연방제 이후 자기들의 어떤 숨은 목적과 의도를 가진지 모르지만, 적어도 공식적으로나 대외적으로는 공존을 표방하고 있다. 남북연합을 잠정적 최종 상태로 제안하면 북한도 흡수통일에 관한 두려움이 적어지고 적극 협력할 가능성이 있다. 주변국도 마찬가지로 남북한이 두 개의 국가가 공존하는 형태로 '남북연합' 통일 방안을 제시한다면 현실적으로도 받아들일 수 있을 것이다. 남북연합이 엄밀한 의미의 두 개의 국가로 구성될지, 아니면 1국가 2체제로 운영할지 등은 통일 방안의 보완 · 발전 논의에서 구체적으로 다룰 수 있을 것이다.

통일문제를 다룰 때 실질적으로 중요하면서도 진지하게 다루지 않는 부분이 바로 국호에 관한 문제다. 앞 장에서도 잠깐 논의했지만 사실 국호는 통일국가의 정체성과 관련된 민감한 주제라서 가능하면 미룰 수 있는 데까지 미루어 놓자는 게 남한의 입장인 것 같다. 남한으로서는 '대한민국'의 프리미엄이 대단히 커서 포기하고 싶지 않은 이름이다. 통일 과정에서 실제로 대한민국으로 나라 이름이 결정될 가능성도 없지 않다. 그러나 북한을 상대로 통일을 하자고 내놓는 제안서에 통일국가의 이름조차 명시하지 않는다는 것은 무책임한 처사다.

나라 안에서 두 은행이 통합을 할 때도 가장 먼저 고민하는 것이 통합하는 은행의 이름을 어떻게 붙일 것인가를 가장 중요하게 다룬다. 왜냐하면 그 이름 안에 정체성이 담겨 있기 때문이다. 필자는 오랫동안 외환은행을 이용했는데 최근 하나은행으로 통합되는 과정을 경험했다. 통합은행 이름은 'KEB하나은행'으로 결정되었다. 외환은행이라는 이름이 한글에서는 사라졌지만 그래도 영어 명칭을 앞에 붙여 주니 그나마 위안이 되었다. 다른 은행으로 갈아탈까 생각도 했지만 영어 이름이라도 남았다는 이유로 그냥 남기로 하였다.

하물며 나라와 나라가 통일을 하는데 조선이나 한국 중 어느 이름이 사라지고 한 쪽으로 통합이 된다면 이름을 잃은 쪽은 견딜 수 없는 상실감을 느끼게 될 것이다. 영어로는 Korea를 사용하기 때문에 큰 문제는 없다. 이런 점에서 통일국가의 명칭은 한국이나 조선으로 하는 것은 문제가 될 수 있다. 물론 통일 과정에서 남북의 국민이 합의하여 어느 한 쪽으로 국호를 정할 가능성도 있다. 그러나 통일 방안을 제안하는 시점에서는 그러한 제안은 '흡수통일'의 우려를 줄 부분이다. 따라서 두 나라가 모두 동의할 수 있는 나라 이름을 제시해야 한다.

하나의 방안은 북한이 제안한 '고려'다. 남북한이 한국과 조선 어느 하나를 사용하지 않는다면 역사적으로 '고려'로 내려가는 것은 좋은 생각이다. 국내 여론이 이를 지지한다면 고려를 통일국가의 국호로 사용할 수 있을 것이다. 다른 방안으로는 한국(韓國)과 조선(朝鮮)을 아울러 부르는 대한조선(大韓朝鮮)이다. 약칭으로는 한국의 한(韓)과 조선의 선(鮮) 자를 따서 한선(韓鮮)이라고 부를 수 있을 것이다. 두 나라의 역사적 정통성을 인정하고 존중한다는 의미를 담을 수 있기 때문이다. 남북연합은 자연히 한선연합이 되고 통일정부의 명칭은 '한선연합정부' 혹은 '한선공화국연합'으로 부를 수 있을 것이다.

4. 공간과 레짐 설계

지속 가능한 한반도 평화를 구축하려면 기존의 논의에서 출발하되 새롭고 창의적인 제도와 틀, 레짐을 구상할 필요가 있다. 구조적으로 해결하기 어려운 남북의 이해관계가 복잡하게 얽혀 있고 감정도 좋지 않은 상황이라 대립하는 갈등을 해결하기 쉽지 않다. 이러한 상황에서는 두 가지로 문제를 풀어나가야 한다. 하나는 갈등과 분쟁을 줄이는 구상과 아이디어를 고안해야 한다. 북한의 핵무기와 NLL, 한미연합 군사훈련 등 남북이 대립하는 이슈들에 대해 물리적 충돌을 줄이는 방법을 논의하는 것이다. 북한의 핵전략을 억제하는 방안으로 6자 회담 틀을 어떻게 재가동할 수 있을지, 이 문제를 완전히 해결하기 위해 정전체제를 평화체제로 전환하는 문제와 어떻게 연결할 것인지, 한반도 평화체제 구축을 위해 남, 북, 미, 중의 4자 협력방안과 정치 · 군사적 재조정 등의 방안을 진지하게 논의하는 것이다.

다른 하나는 첨예하게 대립하는 갈등적 이슈를 직접적 협상의 방법으로 해결하는 것이 아니라, 공유하는 이해관계를 극대화하거나 전혀 새로운 차원의 논의를 시작함으로써 대립하는 갈등을 완화시켜 나가는 방법이다. 이러한 창의적 갈등해결 방법을 요한 갈퉁은 트랜샌드(Transcend)라고 부른다. 당면한 문제를 더 높은 수준에서 서로 이익이 되고 공감하는 과제를 설정하고 그것을 위해 협력하는 초월적 방법인 것이다. 바둑을 둘 때 한쪽에서 싸우다가 승산이 잘 보이지 않을 경우 다른 쪽으로 판을 옮겨 수를 두는 것도 트랜샌드의 하나라고 볼 수 있을 것이다. 판세를 잘 읽고 그것이 어디로 연결되어 있는지 전체적인 구조를 파악해야 가능하다. 그런 의미에서 공간과 레짐의 몇 가지 구상을 적어본다.

동서해안 전용 고속도로

평화구축은 구성원들 사이의 자유로운 소통을 기반으로 이루어지는데 남북의 구성원들 간에 자유로운 소통이 일어나려면 물리적으로 왕래할 수 있는 인프라를 구축하는 일이 시급하다. 사실, 한반도 분단이 이처럼 철저히 굳어진 데는 지정학적 요인이 결정적으로 작용하였다. 분단독일과는 달리 분단한반도, 특히 분단 남한은 지리적으로 폐쇄되어 북한 및 주변국과 공간적으로 단절되어 있다. 통일은 결국 남북의 생활공간을 연결하고 대륙으로 확장하는 것이다.

따라서 동서해안 전용 고속도로와 철도 등 경제 인프라를 건설하여 지리적으로 개방된 체제를 갖추는 것은 한반도 평화구축의 필수조건이다. 한국은 동서해안 전용 고속도로를 건설함으로써 대륙으로 통하는 길을 건설해야 한다. 우리가 꿈꾸는 통일은 바로 남북의 생활공간을 하나로 연결하여 대륙으로 통하는 길을 확보하는 것으로부터 시작된다. 그 길을 지나다녀 봐야만 우리의 생각이 열리고 통일의 비전을 새롭게 볼 수 있게 될 것이다. 이러한 통일의 미래를 위해 지금부터 중국 · 러시아와 통행협상을 시작해야 한다.

　대륙으로 연결된 인프라를 통해 새롭게 열리는 한반도는 한반도의 통일을 동북아와 연결시키는 중추적인 기능을 하게 될 것이다. 현재도 중국과의 경제 교류는 미국, 일본을 합한 규모보다 더 많을 정도로 활발하다. 아시안 하이웨이가 열려 중국, 러시아와 자유롭게 소통하게 되면 동북아 지역의 경제협력을 촉진할 뿐 아니라 학술문화 교류도 대폭 증진될 것이다. 그렇게 되면 한반도의 통일이 동북아의 탈냉전 및 역내 평화와 긴밀하게 연계될 것이다.

공단건설과 DMZ평화벨트

이 경제 인프라를 바탕으로 남북한이 협력할 수 있는 제도와 체제를 만들어 나갈 수 있을 것이다. 남북의 경제협력과 발전은 한반도의 지속 가능한 평화와 안정을 실현하기 위해 실질적으로 필요한 부분이다. 개성공단은 이런 점에서 공간평화의 창출을 통해 평화를 증진하는 한반도형 통일 프로젝트다. 이미 통일을 성취한 독일, 우리에겐 부러움과 선망의 대상인 독일도 한반도를 보며 경탄해 마지않는 것이 바로 개성공단이다. 전쟁과 수백만의 살상으로 적대와 불신이 존재하며 비무장지대(DMZ) 안에 엄청난 화력과 병력을 집결시키고 있는 위험천만한 상황에서도 공업단지를 운영하고 버젓이 관광을 하는 한반도의 현실이 독일인들에게는 상식적으로는 납득이 잘 안 된다. 갈등과 분쟁이 치열한 위험지역에 공단을 건설하고 관광을 한다는 발상에 놀라움과 경이로움을 감추지 못한다.

분쟁지역이나 갈등지역에 공단을 건설하고 관광을 하고 생태평화공원을 조성하겠다는 아이디어는 파격적이다. 금강산에서 관광을 통해 남북 간 화해와 협력을 도모하겠다는 시도가 먼저 있었는데, 관광이나 생태환경공원 조성 같은 것은 분쟁지역이나 갈등 지역에서 평화를 증진하는 방법으로 유엔(UN)이나 세계관광기구가 시도하였다. 유엔은 "관광은 평화로의 여권"이라는 슬로건을 1967년 국제관광의 해에 지정하였고 2001년 서울 총회에서 관광과 평화에 관한 선언문을 채택한 바 있다. 그러나 휴전선과 같은 위험한 지역에 공업단지를 건설하겠다는 구상은 쉽게 나올 수 있는 아이디어가 아니다. 갈등분쟁 지역에 공업단지를 건설하여 평화를 실현하겠다는 발상은 매우 독특하며 한국적 상황과 환경에서 나온 창의적 평화구상이라 할 수 있다.

판문점 이산가족센터

이산가족 상봉사업은 통일과 평화의 대전략으로 남한이 집중적으로 추진해야 할 주제이다. 1천만 가족이 남북으로 흩어져 있고 수만 명의 국군 포로와 수백 명의 납북자가 한반도에 이산가족으로 살고 있다. 통일을 국시로 내걸고 70년 동안 체제를 유지해 온 대한민국 정부가 인권의 초보적인 이산가족의 방문이나 만남조차 이루어낼 수 없다면 거대한 통일을 어떻게 이룰 수 있겠는가. 그토록 오랜 세월 동안 사무치도록 그리운 부모·형제를 만나지 못하게 버려 두었다는 사실은 어떤 이념과 논리로도 정당화될 수 없다. 범법자들에게도 가족의 면회를 허용하는 것이 인권을 생각하는 현대 사회이다. 따라서 남북한은 한반도에 흩어진 모든 가족, 월남자, 월북자, 탈북자, 납북자, 국군 포로 등의 의제를 '가족 문제'로 풀어나가고 이들에 관한 가족상봉과 만남, 생사 확인 작업을 적극 추진해야 한다.

냉전 시기 유럽의 헬싱키 프로세스(Helsinki Process)를 참고하여 안보-경제-인권을 하나의 종합적 바스켓에 넣어 추진하고, 인권(human rights)과 분리하여 인적 접촉(human contacts) 의제로 적극 다룰 필요가 있다. 이산가족이나 국군 포로, 납북자 의제는 남북 간에 역사적으로 얽혀져 있는 문제로 정부가 적극적인 의지를 갖고 해결해 나가야 할 인도주의 사안이다. 인권과 경제협력을 함께 논의할 수 있는 '인권 · 인도주의 대화 기구' 구성이나 돈을 주고 '정치범'을 사오는 독일식 프라이카우프(Freikauf)도 추진해 볼 수 있을 것이다.

재난 · 재해 공동기구

작금의 세계는 이상기후와 환경재해로 인해 인류의 생존이 심각하게 위협을 받고 있는 시대다. 인간이 문명을 창조하기 위해

건설한 원자력 발전소와 핵무기, 환경오염과 생태계의 파괴는 이제 인간과 문명을 위협하고 있으며, 지진과 화산폭발과 같은 자연재해 또한 수천 년의 문명을 일시에 삼켜버릴 수 있는 거대한 위협으로 다가오고 있다. 2011년 일본의 대지진과 원전폭발 사고를 겪으면서 자연재해로 인해 인류문명이 순식간에 망가질 수 있다는 것과 가공할 만한 인공재난이 얼마나 우리의 삶에 가까이 와 있는가를 새삼 실감하게 된다.

북한지역에서의 재난은 그 영향이 북한에만 그치는 것이 아니라 남한에까지 직접 미치기 때문에 남북 간에 보다 적극적인 대책과 협력이 필요하다. 점점 취약해지는 북한의 보건의료 상황을 고려하면 신종 전염병과 보건의료 위기에 신속하게 대응해야 할 필요성이 더욱 커지고 있다. 국제적으로도 구제역과 신종플루, 지카, 메르스 같은 신종 전염병 등에 대처하기 위해 글로벌 협력체제가 강화되는 만큼, 남북 간에도 이러한 재난과 위험, 생태·기후 문제를 공동으로 해결하기 위한 재난·재해 협력증진이 매우 필요한 시점이다.

이러한 재난·재해를 공동으로 대처하고 협력하기 위해 남북한이 '남북재난·재해 공동대책기구'를 시급히 구성해야 한다. 이러한 재난·재해는 남한이나 북한의 문제임을 넘어서 공동의 문제라는 점을 강조하기 위해 '민족 재난' 또는 '한반도 재난'으로 규정할 필요도 있다. 남북재난·재해 협력은 가깝게는 남북한 주민의 생명을 보호하고 안전을 지키기 위한 것이지만, 궁극적으로는 통일을 준비하는 매우 유용한 기제가 된다. 재난 상황에서 남한의 구호와 지원으로 도움을 얻는다면 공황에 빠진 북한 지도부와 주민들의 민심을 사로잡는 절호의 기회가 될 것이다. 이런 측면에서 남북재난·재해 협력은 북한 주민의 생명을 보호하는 응급구호 역할을 할 뿐 아니라 궁극적으로 통일을 준비하는 매우 중요하며 가장 기본적인 의무이기도 하다.

평화구축을 위해서는 공간의 활용과 제도, 레짐의 창의적 구상은 필수적이다. 통일을 통합의 과정으로 보면 남북한이 공동의 기구와 제도를 만드는 작업은 매우 중요하다. 군축과 평화체제, 정치회담과 공동기구의 구성, 그리고 경제영역에서 개성공단과 같은 협력레짐을 구축하는 것은 한반도 통일을 실현하는 실제적인 과제들이다. 유럽연합의 경험을 보더라도 경제 교류와 협력을 먼저 추진하고 이를 바탕으로 사회문화 교류를 증진한 후 정치적 통일로 이어가는 것이 매우 안정적이며 현실적인 통일 프로세스라 할 수 있다.

장기 경제침체를 겪고 있는 북한은 '국가 경제개발 10개년 전략계획'(2010.1)과 경제개발 5개년 전략(2016.5), 19개의 경제개발 구 지정을 단행하고 30만 군대를 경제건설로 투입하는 등 경제 발전에 총력을 기울이고 있다. 이러한 북한의 필요를 남북 간 경제협력의 기회로 삼아 한국의 개발경험과 지식공유 등 전략적 지원을 추진함으로써 한반도의 안정과 평화의 기반을 마련하고 통일의 계기로 이어나갈 필요가 있다. 상징적으로 판문점에서 6자 회담을 개최하고 유엔평화구축위원회를 유치하여 판문점을 제네바와 같은 평화의 상징공간으로 발전시켜 나가야 한다.

5. 화해·갈등해결 리더십

그다음으로 중요한 것은 위에서 논의한 구상을 실현해 나갈 수 있는 리더십이다. 통일과 한반도 평화를 위한 구상은 이를 집행할 수 있는 리더십 역량이 없이는 불가능하다. 앞 장에서 설명한 바와 같이 현재 남북한 간에는 적대와 불신, 두려움과 원망의 감정이 높게 쌓여 있다. 남북 정부 간 불신과 적대감은 어느 때보다 높으며 남한 내부에서도 통일문제를 둘러싸고 보수와 진보의 남남갈등은 심각한 수준이다. 멀게는 6·25전쟁에서부터 가깝게는 천안함·연평도 사건에 이르기까지 남북한이 경험한 물리적 폭력과 남북한 당국 간에 주고받은 비방과 폭언, 그로부터 받은 자존심의 상처를 어떻게 해결할 수 있을지 난감하다. '종북' 논란 등 국내적으로 진행되는 정치갈등은 매우 심각하다.

리더십 역량의 핵심은 정서적 문제를 해소할 수 있는 화해의 리더십과 실질적 문제를 해결할 수 있는 갈등해결 리더십을 어떻게 동시에 발휘해 나갈 것인가 하는 데 있다. 해결이 불가능한 것처럼 보이는 남북 간의 갈등과 적대, 불신의 관계를 해결할 수 있는 거의 유일한 방법은 화해의 리더십 밖에는 없다. 화해의 핵심은 갈등하는 남북한이 상대를 비난하거나 적으로 보는 관념을 바꾸어 진지하게 유감을 표시하고 더 이상 상처 주는 행동을 하지 않도록 하는 것인데, 과연 남북한의 정치지도자들은 이러한 일을 해낼 수 있을 것인가? 현재의 상황에서는 남북한 지도자가 적대와 불신의 관계를 자기편의 잘못으로 인정하고 지원, 협력을 통해 새로운 관계를 만들어 나간다는 것은 쉽지 않다. 회복적 정의(restorative justice), 갈등변환(conflict transformation)과 같은 관계중심적 개념을 적극 활용하여 남북 관계의 개선과 발전을 시도해야 할 것이다.

이와 함께 실질적인 갈등문제를 해결해 나가는 지도력을 발휘하여 남북 간에 상충하는 문제들을 풀 수 있는 능력이 있어야 한다. 실제로 남아 있는 갈등을 해결하지 않고 무조건 화해하고 이해해야 한다는 주장에 대해 갈퉁은 순진한 평화주의(pacifism)에 불과하다고 비판한다. 화해와 관계회복을 추구함과 동시에 남북한이 다툼을 벌이고 있는 문제들을 상호이익에 기반하여 실제로 해결해 내야만 지속 가능한 평화구축이 가능하다. 2013년 8월 개성공단 재가동 합의는 남북한이 치열한 대결과 싸움 속에서도 상호이익에 입각한 협력을 이끌어 낸 대표적인 성공사례다. 이러한 경험과 지혜를 모은다면 남한과 북한은 상호이익에 기반한 진지한 협력을 도출할 수 있는 희망이 있다.

나아가 분단의 논리에 함몰되어 통일비전을 잃어가고 있는 분리주의자들과 무관심자를 설득하여 통일과 평화의 길로 나갈 수 있도록 갈등해결의 리더십을 발휘해야 한다. 또 미국, 중국, 일본, 러시아 등 주변국들과의 관계를 해치지 않고 각국에 이익과 도움을 줄 통일 방안도 마련하여 주변국을 설득하는 통일외교도 적극적으로 펴나가야 한다. 중국과의 경제관계가 유례없이 증대 일로에 있는 상황에서 한국은 한미동맹을 근간으로 중국과의 새로운 관계를 열어 나갈 수 있는 대안을 찾고, 이를 위해 주변국 언어와 문화 감각으로 통일외교의 역량을 갖춘 인재를 양성하는 노력도 기울여야 한다.

6. 통일 평화 교육과 트라우마 치유

평화구축을 위해서는 통일과 평화의 교육이 필요하다. 통일교육은 통일을 왜 하는가, 그리고 어떻게 해야 하는가 하는 문제를 다룬다. 통일 의지는 통일을 추진하는 동력이며 에너지다. 민족적 정서에 호소하든, 분단이 초래하는 엄청난 비용을 극복해야한다는 경제효율성을 강조하든, 적대와 배제의 분단문화를 극복하고 통일 의지와 비전을 세우는 통일교육은 반드시 필요하다. 통일의 과정에서 이질적 생활양식과 가치관, 적대의식이 맞부딪히면서 커다란 사회적 충격과 혼란이 발생할 터인데, 이러한 문제들을 해결해 내려면 우리 사회 안에서부터 다양성을 인정하는 민주주의 훈련과 공동체 문화를 연습하는 교육적 노력을 기울여야 한다. 이와 함께 분단폭력과 대립갈등에 의해 심각한 피해를 받은 왜곡된 감정과 분단 트라우마를 해소하는 일도 추진해야한다. 정서적이고 감정적인 문제를 해결하지 못하면 화합과 공감의 평화구축은 어려울 것이다.

통일교육은 평화교육과 밀접한 연관 속에서 시행되어야 한다. 한반도의 분단폭력과 갈등, 분단 트라우마를 해결하는 방식으로서의 통일은 평화구축과 불가분의 관계에 있기 때문이다. 평화교육은 일차적으로 갈등해결의 방법으로 폭력을 사용해서는 안 된다는 원칙을 견지하는 데서 출발한다. 평화구축의 이러한 원칙은 평화주의나 비폭력, 반전주의 등의 역사와 철학에서 충분히 얻을 수 있는 교훈들이다. 그러나 평화교육은 이것만으로는 부족하다. 현존하는 갈등을 실제로 해결할 수 있는 평화구축 방법을 상상해 낼 수 있는 능력 함양이 필요하다. 그것은 비평화 구조를 분석하고 이를 개선하고 평화를 구축하는 전략과 대안을 창안하는 능력은 물론 관계중심적으로 문제를 해결하는 집단적, 개인적 역량의 함양이 필요함을 의미한다.

남북 간의 화해와 통일이 왜 안 되는 것일까? 남북의 분쟁이 70년이 넘도록 지속되는 이유는 무엇일까? 객관적 사실이 밝혀지지 않아서 그런가? 아니다. 서로 감정이 상해 있기 때문이다. 감정이 틀어져 있으면 사실 따위는 중요하지 않다. 우리 사회 안에서도 마찬가지다. 똑같은 정치적 사건이 발생하는데도 여와 야가 완전히 다른 해석을 하는 모습을 볼 수 있다. 사람들이 마음의 상처를 받으면 마음의 문을 닫아 버린다. 아무리 사실을 얘기

해도 그것을 받아들이지 않는다. 사람들은 이 상처를 트라우마라 부른다. 트라우마는 충격적 사건 때문에 공포와 두려움, 분노를 일으키며 집단기억과 교육을 통해 세대와 세대를 넘어 전수돼 사회적 트라우마로 형성된다.

이런 트라우마는 곳곳에서 발견된다. 천안함과 칼(KAL)기 폭파 사건, 버마 아웅산 폭파 사건으로 올라가고 더 거슬러 올라가면 6·25전쟁과 만난다. 6·25전쟁은 북한의 남침으로 시작된 것이 정설로 되어 있으나, 북한 사람들은 완전 반대로 믿고 있다. 1950년 6월 25일 새벽 4시. 우리는 모두 기억한다. 북한이 먼저 쳐내려왔다고. 그러나 북한도 똑같이 가르치고 있다. 1950년 6월 25일 새벽 4시 미제가 쳐들어왔다고.

이러한 대립과 적대의 기저에는 아직도 아물지 않은 6·25전쟁의 상처가 크게 남아 있다. 남한은 6·25전쟁을 통해 82~85만 명이 사망한 반면, 북한은 120~130만 명이 사망하는 엄청난 경험을 하였다. 남북의 전쟁과정에서 사망한 200만 명의 숫자가 의미하는 바는 적지 않다. 이 수많은 살육과 집단학살의 고통을 당한 사람 자신은 물론이거니와 그 과정을 고통스럽게 경험하고 직접적이고 물리적인 고문과 협박을 당한 사람, 이 광경을 목격하고 억압과 공포의 분위기를 겪어 내야 했던 많은 사람들은 폭력에 고스란히 노출되었다. 전쟁으로 불구가 된 사람들과 상이군인들은 분단의 물리적 폭력이 자행한 결과다.

그런가 하면 남한도 과거 군사독재 시절 수많은 민주인사를 '빨갱이' 누명을 씌워 구타와 고문으로 폭력을 행사하였다거나 귀환한 납북어부가족이 귀환 40년 만에 무죄판결을 받았다는 보도들을 쉽게 접할 수 있다. 그들에게 자행되었던 고문과 구타의 소식을 들으며 사람들은 엄청난 심리적 불안과 정신적 스트레스를 받게 된다. 2013년 9월 휴전선 임진강을 건너 북으로 가려던 남모 씨가 휴전선을 지키는 군인들에게 무차별 사격을 받고 사망한 사건은 또 다른 측면에서 분단이 우리에게 가하는 폭력의 현장임을 보여준다.

이러한 극도의 대립과 배타적 상호관계의 외적 환경은 남한과 북한 안에 집단적이고 역사적인 분단 트라우마로 나타나고 있다. 전쟁의 처참한 경험과 대결적이고 적대적인 남북 관계의 경험을 하면서 그 속에 사는 사회구성원들은 적대와 배제, 흑백논리, 극한 대결을 일상화, 내면화하였다. 자기를 선으로, 상대는 악으로 규정하며 적대와 배제의 행동을 반복한다. 자기체제를 상대화하지 못한 채 배제와 적대의 분단문화 프레임을 그대로 내면화하여 상대에 관한 맹목적인 비난과 반사적인 자기합리화에 함몰되고 만다.

통일 평화의 동력을 생성해 내려면 갈등·대립하는 실질적인 문제들을 중재하고 응어리진 트라우마를 치유할 수 있는 통합적 리더십을 발휘해야 한다. 결코 쉽게 해결될 수 없는 일이지만 개성공단에서의 협력, 남북 간 합의서와 교류의 경험, 신포경수로와 금강산에서의 실패 경험들을 평화구축의 소중한 자산으로 활용한다면 '한반도 평화연합'이 실행 가능하다는 희망을 내다볼 수 있게 될 것이다.

제7장

다시 통일을 꿈꾸다

1. 역사는 흐른다

통일의 역사는 우리가 새로 써야 하지만 우리만 고민하는 것은 아니다. 이미 우리 선조들이 5천 년 동안 씨름해 온 주제이고 세계 모든 인류의 공통된 고민이기도 하다. 통일은 단군왕검으로부터 꽤 오랫동안 품어왔던 꿈이다. 신라의 화랑과 고려태조 왕건이 이루었고 일제 식민과 해방 공간에 그토록 염원했던, 그리고 지난 70년 동안 목마르게 기다렸던 오래된 꿈이다. 이 꿈은 삼한과 삼국의 분단기나 1300년 통일기를 살아오는 동안 우리 선조들의 삶에 고스란히 녹아 있으므로 역사로부터 발굴하면 된다.

우리 민족의 역사와 전통 안에 축적된 자산은 무엇이며 그 자원을 분단을 사는 오늘의 한반도에 어떻게 끌어들일 수 있는가. 『한국인만 모르는 다른 대한민국』을 쓴 임마누엘 페스트라이쉬는 우리가 당연하게 생각하는 역사적 자산 중에 오늘날 활용할 수 있는 자원이 많다고 주장한다. 한민족역사에 도도히 흐르고 있는 사상과 학문, 지략은 통일을 내다보는 우리에게 혜안을 열어준다.

가장 가까운 곳에 있는 대표적인 민족의 자산으로 그는 선비정신과 실학을 지목한다. 선비정신은 개인적 차원에서 도덕적 삶과 학문적 성취에 관한 결연한 의지와 행동으로 나타나며, 사회적 차원에서는 수준 높은 공동체 의식을 유지하면서도 이질적 존재와 다양성을 존중하는 태도로 나타난다. 선비정신은 지식인과 지도자들의 사회에 관한 책임을 강조한다는 점에서 선비정신이 역사적 자원으로 부각하면 엘리트의 결단과 국민적 지지를 끌어낼 수 있을 것이다. 실학은 이러한 선비정신이 서구문화와 접목되어 우리 사회에 뿌리내린 정신이요 가치다. 발전된 서구의 과학과 학문을 받아들여 우리 사회의 개혁과 발전에 활용했던 실학사상은 선비정신과 함께 우리 역사에 주요한 흐름으로 형성되어 있다. 통일미래를 준비하는 남과 북에서 우리 민족 미래에 관한 책임의식과 공동번영을 목표로 하는 실용주의가 통합의 자원으로 충분히 활용될 수 있을 것이다.

10세기 초반 복잡한 동북아 질서 속에서 뛰어난 외교력을 바탕으로 통일에 성공한 고려의 역사적 경험도 남과 북이 본받아야 할 통합의 자산이다. 고려는 신라와 협상을 통해 원만하게 흡수통합한 사례로 꼽을 수 있으며, 후백제에 대해서는 지도층을 포섭하여 분열시키면서 마지막까지 군사적으로 대응한 것은 포용과 강경정책을 병행하였다. 이러한 역사적 경험은 한국의 대북통일정책에 충분히 활용할 수 있는 경험적 자원들이다. 고려가 신라나 후백제를 통합하는 과정에서 특기할만한 사실은 군사적, 정치적 우월성을 내세우기보다는 동족으로서의 동질성과 신뢰를 강조하는 문화적 차원의 선전선동전략을 적극적이고 일관되게 구사했다는 점이다. 신라에 대해 끝까지 신의를 지켰고 경순왕에 대해서는 상보로 각듯이 대우하는 친화정책을 폈다. 반면, 후백제와는 마지막까지 강경 대응 전략을 사용했고 결국 전쟁을 통해 결판을 냈다. 그러나 강경정책으로 일관한 것이 아니라 유폐 위기에 몰린 견훤을 고려로 모셔와 상보로 대우하고 견훤의 사위 박영규를 포섭하는 등 적극적인 포섭정책도 폈다.

고려는 30년 동안 6차례 전쟁을 벌이면서 송과 거란 사이에서 뛰어난 전략을 구사했다. 새로운 제국으로 등장한 거란과는 군사적 맞대응과 외교적 협상을 병행하며 평화협정을 맺어 황제국으로 대우하며 새로운 국제질서에 편승하였다. 그러나 송나라와는 적극적인 문화 교류로 실질적인 문화 황제국 위상을 배려해주었다. 고려는 이처럼 공식적 관계와 비공식적 관계, 정치적 관계와 문화적 관계를 분리하는 전략적 세계관을 바탕으로 실용적인 외교를 펼쳤다. 거란은 이러한 고려의 외교방식에 불만이 있었으나 평화협정에 따라 독자성을 확보한 만큼 군사적 침공의 명분이 없었고 송나라의 배후 공격 가능성도 있을 수 있으므로 군사적 공격을 하지 못했다. 이러한 고려의 외교적 경험은 한국이 통일 과정에서 미국과 중국 사이에서 어떤 전략을 구사해야 할 것인가에 관한 지혜를 줄 수 있을 것이다.

한반도의 통일을 실현하기 위해 되살려야 하는 역사적 자산은 '홍익인간' 정신을 빼놓을 수 없다. 홍익인간 정신의 핵심은 모든 사람이 자신의 가치를 깨닫는 것이며 그 깨달은 가치를 나를 넘어서 다른 사람, 사회, 국가, 그리고 이 지구를 위해 쓰는 것이다. 남과 북이 사상과 이념의 울타리를 넘어 서로를 이롭게 하는 우리 민족의 건국이념을 정신에 담고 있다면 홍익인간의 기치아래 통일과 평화를 성취할 수 있을 것이다. 이러한 일들은 없던 것을 새로 만들어 내는 과정이 아니라 잠들어 있던 건국이념과 전통을 되살리는 것이며 우리 민족의 얼 속에 이미 존재하는 정신을 일깨우는 것이다. 우리 역사에 깊이 뿌리 내리고 있는 통일의 정신을 분단시대를 사는 우리가 통합으로 바꾸어 나가야 한다. 그 책임이 우리 세대에 주어져 있다.

2. 그들은 통일공화국 국민이다

통일은 우리의 선택이 아닌 필연으로 다가오고 있다. 세계는 민주화, 시장화, 정보화를 향해 가고 있고 탈사회주의로의 변화를 촉진하고 있다. 북한도 이러한 흐름을 거스를 수 없을 것이며 남북의 교류와 동북아의 지역협력 체제에 편입될 것이다. 통일은 남북한을 근본적으로 흔들어 놓을 사회적 대변혁 사건이며, 이와 함께 우리 민족의 미래는 크게 달라진다. 일제 식민통치, 분단과 전쟁이 20세기 우리 민족의 운명을 바꾸어 놓았다면, 통일은 21세기 우리 민족 운명에 최대의 위기와 기회를 동시에 가져올 것이다.

이러한 맥락에서 통일을 슬기롭게 준비하는 일은 매우 중요하다. 북한체제의 불안정성이 증대되고 한국인들의 통일 의지가 약화하는데다 인권과 민주주의 문제 등 수많은 난제를 해결해야 한다. 주변국들로부터 한반도 통일에 우호적인 협력을 확보하기 위해 남북의 구심력을 확보하고 주변국의 원심력을 약화시키는 책략이 필요하다. 그러나 무엇보다 중요한 것은 통합적 역사자원을 동원하여 이 수많은 난제를 어떻게 풀어낼 것인가 하는 리더십이다.

70만 명이라는 엄청난 살육이 벌어진 미국의 남북전쟁이 막바지에 이르렀을 때의 이야기다. 리치몬드가 함락되어 도주하는 남부군과 리 장군이 포위되었고 이제 마지막 결전을 남겨둔 때였다. 링컨과 그랜트 장군은 회의를 하여 어떻게 할 것인가를 논의했다. 적군의 보급로를 완전히 차단하여 격멸해야 한다는 의견이 비등했다. 그런데 이미 적군의 사기는 땅에 떨어졌고 도주하는 남부군이 식량부족으로 영양실조에 있다는 소식이 들렸다. 이 소식을 들은 링컨은 놀랍게도 포위된 남부군에게 식량을 공급하라고 명령한다. 물론 참모진들은 격렬히 반대했다. "지금은 전쟁 중이고 그들은 우리의 적입니다. 적에게 식량을 공급하는 전쟁이 어디 있습니까."라며 항의했다. 그러나 링컨의 결심은 단호했다. "그들은 우리의 적이 아니라 미합중국 시민입니다."라며 식량 지원을 명령했다. 식량을 지원한다는 소식을 들은 리 장군은 항복문서에 서명했고 남북전쟁은 끝이 났다. 물론 링컨의 이러한 결정은 쉬운 일이 아니었다. 이 결정이 있은 뒤 5일 만에 링컨이 암살을 당했다는 사실은 그 결정이 얼마나 어렵고 위험한 일이었는지 실감케 한다. 링컨의 그 결단으로 미국은 평화적 남북통일을 실현할 수 있었다.

　통일을 준비하는 데서 가장 중요한 것은 평화의 리더십이다.

북한을 적으로 생각하고 철저한 안보를 확보해야 한다는 것만으로는 한반도의 통일과 평화를 구현할 수 없다. 북한이 잠깐 동안 적이 될 수 있지만 영원히 적이 될 수는 없다. 그들은 통일된 나라에서 함께 살아가야 할 우리 국민이기 때문이다. 이러한 굳은 신념이 없이는 한반도 통일은 불가능하다. 싸우지 않고 이기는 지략, 적을 친구로 만드는 포용력을 지닌 리더십이 필요하다.

이러한 민족포용 리더십은 우리 역사에서도 얼마든지 찾아볼 수 있다. 왕건은 후백제의 장수 신검을 제압한 후 "항복한 장수는 목을 베지 않는 법"이라며 신검을 살려주었을 뿐 아니라 작위를 내려 주었고, 후백제의 장수들을 위로하며 재능과 직분에 따라 고려의 장군으로 다시 등용했다. 후백제 수도인 전주에 입성하여 "도적을 잡았으니 이곳 국민은 이제 나의 백성이 됐다."면서 좌우 장병에게 후백제 국민을 해치지 말 것을 특별히 지시했다. 이러한 왕건의 통일정책은 통일 과정에서 한국이 어떻게 평화로 통일을 준비해야 하는지 강력한 시사점을 준다.

평화로 준비하는 통일은 우리 민족에게도 중요한 일이지만, 인류에게도 새 희망과 기대를 주는 중대한 과제이다. 분쟁과 테러로 잔뜩 불안한 시대에 한반도의 이념 갈등을 종식하고 통일을 이룬다면 평화를 목마르게 기다리는 인류에게 큰 격려와 희망을 줄 것이다. 그렇기 때문에 한반도의 통일이 어떻게 실현되는가 하는 문제는 세계적 이슈이기도 하다. 이런 점에서 DMZ를 생태·평화 공간으로 조성하여 한반도를 세계적인 녹색·평화의 상징으로 발전시킨다든가, 남북으로 흩어진 이산가족이 가족가치로 결합함으로써 통일 한국을 녹색과 평화, 휴머니즘의 보편가치로 발전시켜 나가는 일은 매우 중요하다. 통일은 결국 한반도의 통합과정이 세계적 보편담론과 얼마나 소통할 수 있느냐하는데 그 성패가 달려 있기 때문이다.

희망적인 부분은 남북한 주민들이 서로를 "힘을 합쳐 협력해야 할 대상"(협력 대상)으로 바라보고 있다는 점이다. 남북의 대립과 적대가 격화되는 상황에서도 북한을 '협력 대상'으로 바라보는 한국인은 43.7%로 많고 11.6%는 '지원대상'으로 바라본다. 북한도 53.3%이나 되는 많은 사람들이 남한을 '협력 대상'으로 바라보고 있다. 서로를 '적'으로 생각하는 사람도 15~20%는 존재하고 최근에 이를수록 적대의식이 높아지고는 있지만, 남북이 서로 힘을 합쳐 협력해야 할 상대로 보는 사람들이 남과 북에서 아직은 다수다. 우리는 이들의 희망과 기대를 보고 달려가야 한다.

3. 새로운 한류 피스꼬레아(Peace Corea)를 기대하며

한반도의 군사적 긴장과 불안이 고조되는 시점에서 우리는 한반도에 평화가 오기를 기대하며 다시 통일을 꿈꾼다. 북한의 불안정성이 커지고 있고 중국의 한반도 개입이 적극적으로 진행되고 있다. 이러한 상황에서 필요한 것은 한국과 조선(북한) 역사와 민족과 정체성을 하나로 통합할 수 있는 창의력과 상상력이다. 사회학적 상상력(C.W. Mills), 민주적 상상력(R.C. Rist), 도덕적 상상력(J.P. Lederach)을 동원하여 통일 과정에서 발생할 사회갈등과 정체성 혼란을 최소화할 수 있는 창의적 공간과 제도의 활용을 모색해야 한다. 평화유지와 평화조성, 평화구축의 적극적 기획을 통해 최적의 안보를 유지하는 가운데 정치적 대화와 외교활동을 통해 연합통일정부를 구성하고 이를 제도적으로 지원하는 다각적인 평화구축 활동을 통해 통일 코리아의 정체성을 형성해 나가야 할 것이다. 이 과정에서 통일열망이라는 연료를 어떻게 지속해서 공급할 것인가 하는 문제이다. 통일의 꿈과 비전을 잃어가고 있는 이 시대에 통일이 대한민국과 한반도에 가져올 기회와 이익을 상상하며 통일에너지를 축적해야 한다.

여기에는 통일을 통한 지속 가능한 평화실현이라는 '통일 평화'의 상상력이 필요하다. 레더라크(J.P. Lederach)의 주장처럼 폭력을 극복하는 것은 도덕적 상상력을 만들고 동원하고 구축하는 능력에 의해 형성되듯이, 한반도 통일을 준비하는 사람들은 분단 갈등을 극복할 수 있는 창의적 대안을 모색하며 우리의 문제를 끊임없이 인류의 문제로 인식하는 상상력을 연습해야 한다. 우리의 적대적 대상을 포함하여 우리자신들이 관계의 망(web of relationships)에 놓여 있다는 생각, 양극단에 치우치지 않는 복합성에 관한 호기심, 창조적 행동(creative act)에 관한 신념, 새로운 대안 안에 내포되어 있는 위험을 감수하려는 태도를 보일 때 이러한 상상력은 가능하다.

냉전 시기 30년간 가장 짧은 시간에 가장 빠른 경제 발전과 정치 민주화가 어떻게 가능한가를 보여준 한국은 탈냉전 이후 25년 간 과학기술과 정보화, 스포츠와 음악, 예술 영역에서 세계인들의 이목을 끌고 있다. 이런 시점에서 세계인들이 분단코리아에 거는 기대 또한 절대 작지 않다. 이러한 시점에서 한국이 분단을 극복하고 통일을 이룬다면 평화를 갈망하는 인류의 미래에도 큰 희망을 줄 수 있을 것이다. 전쟁과 빈곤으로 각인되었던 한반도가 경제 기적과 민주화에 이어 통일까지 이룬다면 피스꼬레아(Peace Corea)라는 새로운 평화브랜드 한류를 만들어 낼 수 있게 될 것이다. 이런 점에서 산업화와 민주화를 성공적으로 이룬 대한민국은 이제 평화의 관점에서 통일을 준비하기 위한 국가적, 정책적 역량을 모으고 실천해 나가야 할 것이다.

통일과 평화의 상상력은 오늘날 한반도 안에서 벌어지는 갈등과 혼란을 벗어나게 하는 유일한 방법이 아닐까 싶다. 사람들의 눈을 갈등하는 한국적 현실에만 두지 않고 세계와 미래를 동시에 볼 수 있도록 배려함으로써만 통합의 가능성을 내다볼 수 있기 때문이다. 치열하게 갈등하는 한반도, 그 안에서 제도와 사람을 나누어 보고 또 함께 볼 수 있는 눈이 열린다면 세계인의 공감을 충분히 얻을 수 있을 것이다. 우리 민족의 역사와 전통에 도도히 흐르는 통일의 혜안과 경륜이 슬기롭게 발휘된다면 한반도의 통일은 곧 다가올 미래가 될 것이다. 세계적으로 경제적, 문화적 한류의 트랜드가 형성되고 있듯이, 통일을 계기로 화해와 소통, 갈등해결과 치유의 한반도형 통일 평화 모델을 브랜드화하여 새로운 '한류'를 창조할 수 있기를 기대한다.

강성학, 『한국의 지정학과 링컨의 리더십: 동아시아의 지정학적 변화와 국가통일의 리더십』, 서울: 고려대학교출판부, 2017.

강주원, 『압록강은 다르게 흐른다』, 서울: 눌민, 2016.

건국대학교 통일인문학연구단, 『통일인문학: 인문학으로 분단의 장벽을 넘다』, 서울: 알렙, 2015.

건국대학교 통일인문학연구단 편저, 『분단 트라우마와 치유의 길』, 서울: 서도출판경진, 2015.

경남대 극동문제연구소 편, 『분단70년의 남북관계』, 서울: 선인, 2016.

구갑우 · 양문수 · 윤철기 · 이수정 · 이우영, 『분단된 마음 잇기: 남북의 접촉지대』, 서울: 사회평론아카데미, 2016.

권성아, 『홍익인간사상과 통일교육』, 서울: 집문당, 1999.

김갑동, 『태조 왕건』, 서울: 일빛, 2000.

김구 지음, 이만열 옮김, 『백범일지』, 서울: 역민사, 1997.

김동진 옮김, 『평화는 어떻게 만들어지는가』, 서울: 후마니타스, 2012.

김병로, 『북한, 조선으로 다시 읽다』, 서울: 서울대학교출판문화원, 2016.

김병로 · 김면 · 박희진 · 이상숙 · 조은희, 『한반도 분단과 평화부재의 삶』, 서울: 아카넷, 2013.

김병로 · 김병연 · 박명규 외, 『개성공단: 공간평화의 기획과 한반도형 통일 프로젝트』, 서울: 진인진, 2015.

김병로 · 정동준 · 정근식 · 최규빈 · 천경효 · 황창현, 『북한 주민 통일의식 2016』, 서울: 서울대 통일평화연구원, 2017.

김병연 · 박명규 · 김병로 · 정은미, 『남북통합지수, 1989~2007』, 서울: 서울대학교출판문화원, 2009.

박세일, 『선진통일전략』, 서울: 21세기북스, 2013.

박명규, 『남북 경계선의 사회학: 포스트 김정일시대의 통일평화 구상』, 서

울: 창비, 2012.

박종철 외, 『민족공동체 통일 방안의 새로운 접근과 추진방안: 3대공동체 통일구상 중심』, 서울: 통일연구원, 2010.

송민순, 『빙하는 움직인다: 비핵화와 통일외교의 현장』, 서울: 창비, 2016.

송영훈 · 김병로 · 김병연 · 박명규 · 정은미, 『남북통합지수 2008~2013: 변동과 함의』, 서울: 서울대 통일평화연구원, 2014.

신창민, 『통일은 대박이다』, 서울: 매일경제신문사, 2012

양창석, 『브란덴부르크 비망록: 독일통일 주역들의 증언』, 서울: 늘품플러스, 2014.

요한 갈퉁, 『평화적 수단에 의한 평화(Peace by Peaceful Means)』(강종일 · 정대화 · 임성호 · 김승채 · 이재봉 옮김), 서울: 들녘, 2000.

유시민, 『노무현 김정일의 246분: 남북정상회담 대화록의 진실』, 서울: 돌베개, 2013.

윤영관, 『외교의 시대: 한반도의 길을 묻다』, 서울: 미지북스, 2015.

이영선 편, 『통일을 위해 남한도 변해야 한다』, 서울: 오름, 1998.

이종석, 『분단시대의 통일학』, 서울: 한울아카데미, 1998.

임동원, 『피스메이커: 남북 관계와 북핵 문제 20년』, 서울: 중앙북스, 2008.

임마누엘 페스트라이쉬, 『한국인만 모르는 다른 대한민국』, 서울: 21세기북스, 2013.

정근식 · 김병로 · 장용석 · 정동준 · 최규빈 · 김병조 · 송영훈 · 황정미 · 황창현, 『2016 통일의식 조사』, 서울: 서울대 통일평화연구원, 2017.

정세현, 『정세현의 통일토크』, 서울: 서해문집, 2013.

조동호, 통일의 경제적 비용과 편익, 「분단 비용과 통일 비용」(통일연구원 · 한국개발연구원 공동주최 학술회의 발표논문집, 1997.6.5), p. 99.

한반도평화포럼, 『통일은 과정이다』, 서울: 서해문집, 2015.

황병덕 · 김학성 · 박형중 · 손기웅, 『신동방정책과 대북포용정책』, 서울: 두리, 2000.

Galtung, Johan. *Peace, War and Defence: Essays in Peace Research*. Vol.

2(Copenhagen: Christian Ejlers), 1975.

Horowitz, Irving Louis. *The Idea of War and Peace: The Experience of Western Civilization*. Third Edition, New Brunswick, NJ: Transaction Publishers, 2009.

Lederach, John Paul. *The Moral Imagination: The Art and Soul of Building Peace*, New York: Oxford University Press, 2005.

_____, *Building Peace: Sustainable Reconciliation in Divided Societies*, Washington, D.C.: USIP, 1997.

Oberdorfer, Don. *The Two Koreas: A Contemporary History*. Reading, Massachusetts: Addison-Wesley, 1997.

Ramsbotham, Oliver, Tom Woodhouse, and Hugh Miall.*Contemporary Conflict Resolution*. 3rd edition(Cambridge: Polity Press, 2011), p. 232.

Yoder, Carolyn. *The Little Book of Trauma Healing: When Violence Strikes and Community Security Is Threatened*. Intercourse, PA: Good Books, 2005.

서울대학교 통일평화연구원 평화교실 총서 05

다시 통일을 꿈꾸다

등록 1994.7.1 제1-1071
1쇄 발행 2017년 4월 25일
2쇄 발행 2019년 3월 31일

지은이 김병로
펴낸이 박길수
편집인 소경희
편 집 조영준
관 리 위현정
디자인 이주향
펴낸곳 도서출판 모시는사람들
      03147 서울시 종로구 삼일대로 457(경운동 수운회관) 1207호
전 화 02-735-7173, 02-737-7173 / 팩스 02-730-7173
홈페이지 http://www.mosinsaram.com/

인 쇄 천일문화사(031-955-8100)
배 본 문화유통북스(031-937-6100)

값은 뒤표지에 있습니다.
ISBN 979-11-86502-79-2   94300
세트   979-11-86502-45-7   94300(세트)

* 잘못된 책은 바꿔 드립니다.
* 이 책의 전부 또는 일부 내용을 재사용하려면 사전에 저작권자와 도서출판 모시
는사람들의 동의를 받아야 합니다.

이 도서의 국립중앙도서관 출판예정도서목록(CIP)은 서지정보유통지원시스템 홈
페이지(http://seoji.nl.go.kr)와 국가자료공동목록시스템(http://www.nl.go.kr/
kolisnet)에서 이용하실 수 있습니다.(CIP제어번호: CIP2017008021)

이 저서는 2010년 정부(교육과학기술부)의 재원으로 한국연구재단의 지원을 받아 수행된
연구임.(NRF-2010-361-A00017)